KB253176

굿리치

“Successful Western business figures’ thinking on wealth and ethics”

“Global Corporate ethical behavior(CSR Activites)”

“The advent of Socially Responsible Investment(SRI)”

THE GOOD RICH

근대화 시기의 자본가에서 선순환을 도모하는 현대적 경영자로

굿리치

우리 사회 경제 정의에 길을 제시하다

엄동설한이지만 바깥은 FTA 찬반 문제로 요란합니다. 경실련에서 경제정의 실현을 위한 시민단체 활동을 10년 넘게 해오고 있지만 경제 정의 문제에 시민들의 관심과 참여를 유도하는 것이 참 어렵습니다. 그러나 경제 정의 문제를 한시도 소홀히 해선 안 된다고 생각합니다.

한국경제는 소수 재벌기업으로 경제력이 집중되어 있어 경제 양극화가 심화된 상태입니다. 대기업들은 중소슈퍼마켓(SSM)에 이어 카페와 떡볶이 가게까지 진출하였습니다.

요즘 상황은 헌법 119조 "국가는 균형있는 국민경제의 성장 및 안정과 적정한 소득의 분배를 유지하고, 시장의 지배와 경제력의 남용을 방지하며, 경제주체간의 조화를 통한 경제의 민주화를 위하여 경제에 관한 규제와 조정을 할 수 있다."를 다시 생각해보게끔 합니다. 정부가 이 역할을 충분히 다 해야 하겠지만, 시민들도

현명한 소비자의 시각과 참여로 "윤리적"이고 "건전"한 기업이 될
수 있도록 노력해야 할 것입니다.

　기업 스스로가 "윤리"적일 수 있는가라는 질문을 제 스스로에
게 던집니다만 "도를 닦고 해탈하는 것"만큼 왠지 어려울 것 같습
니다.

　현재 금융권에서 기업분석 관련 업무에 종사하는 저자는 부와
윤리가 함께 갈 수 없다는 세상의 부정적 인식에 도전이라도 하듯
이 성실함과 치열한 자료조사를 바탕으로 이 책에서 "경제적 성공
과 윤리적 성공" 두 가지 목표를 동시에 성취하려 한 사람들과 기업
들의 이야기를 들려주고 있습니다.

　책의 첫 장에서는 직업윤리, 기부, 기업가정신 등을 다룬 부자
들의 이야기가 소개됩니다. 한 세기 전에 살았던 미국 산업화 시기
의 거부들은 오늘날 우리나라의 재벌들과 유사한 방법으로 부를
거머쥐었지만 부를 활용하는 방법에 있어서 현대 우리의 재벌들보
다 진일보한 모습을 보여 줍니다.

　자칫 딱딱해지기 쉬운 주제지만 저자는 이를 인물중심으로 사
기의 "열전"을 읽듯이 풀어가고 있어 위인전을 읽듯이 쉽게 책장을
넘기게 됩니다.

　　둘째 장에서는 현대에 주변과 상생을 모색한 기업들이 등장합니다. 경제학은 이익을 극대화하려는 인간의 행위가 사회의 부를 증대시키고 모든 이해관계자들의 삶을 개선시킬 수 있다고 했지만 현실은 결코 녹녹하지 않습니다.

　　사회 구성원으로써 기업들은 개인들과 마찬가지로 윤리적 결단을 내리고 행동해야 합니다. 기업들이 사회 구성원들과 상생하려는 노력을 게을리 한다면 기업들은 결국 자신들의 존립할 수 있는 근거 또한 훼손하게 될 것이기 때문입니다. 이 책에서는 다양한 사례를 통해 해외의 기업들이 추진했던 윤리적 행위들을 소개하고 있습니다.

　　마지막으로 사회책임투자가 등장합니다 윤리적으로 자산을 운용하는 사회책임투자는 국내에서 매우 생소한 개념이고 서구에서도 자리를 잡아가는 투자 형태이지만 앞으로 그 가능성이 크게 기대되고 있습니다. 평균수명 연장, 노령화로 인해 공익적 성격을 지닌 연기금과 민간 연금의 성장이 급증하고 있고, 부동산 불패 신화가 깨지면서 대학, 사회단체 등에서도 기존의 부동산 일변도의 자산운용을 벗어나 기금운용에 투자의 개념을 받아들이고 있기 때문입니다. 가까운 미래에 사회책임투자가 우리 사회의 주요한 의제로 부각될 것으로 확신합니다.

이 책은 학술서나 철학 서적은 아니지만 사회 구성원으로서 응당 고민해야 할 문제들을 쉬운 언어로 설명해주고 있습니다. 그리고 그 방법에 있어 대중과 청소년들에게 '해외에 이런 사례들이 있습니다. 우리는 어떻게 하면 좋을지 같이 고민해 봅시다.'라는 식의 열린 질문을 던지고 있습니다.

사회를 비판하는 것은 쉽지만 대안을 제시하는 것은 고통스럽고 어려운 작업입니다. 전업작가나 시민운동가가 아니면서도 저술이라는 어려운 작업을 통해 세상을 변화시키는 작업에 기꺼이 동참한 저자의 움직임이 너무도 반갑고 소중하기만 합니다.

경실련 회원홍보팀 팀장 노 정 화

목 차

Part 2. 현대의 기업 윤리 92

착한 부자

언젠가 일일 경제교사로 나갔던 초등학교 2학년 경제교육 시간에 아이들에게 워렌 버핏의 이야기를 들려주었다.

"여러분 세계 두 번째 부자가 누군지 알아요? 바로 워렌 버핏이란 분이에요. 이분은 여든이 넘으신 할아버지이신데 여러분들처럼 어려서부터 경제공부를 열심히 하셔서 부자가 되셨어요. 그런데 이분 재산이 얼마쯤 될까요?"

"……."

나의 질문에 일순간 정적이 흘렀다. 너무 어려운 질문을 한 걸까. 약간의 후회와 함께 말을 이었다.

"한 육십조 정도 돼요. 육십조면 얼마일까요? 음……, 아파트 한 채를 삼억원 정도라고 하면 아파트 이십만 채 정도 되겠네요."

왠만한 신도시 규모보다 큰 이십만 채라는 숫자를 이야기했건만 아이들의 반응은 없었다. 아마도 아파트 20만 채라는 규모가 현실적으로 와 닿지 않았으리라.

"그런데 제가 여러분들에게 이 할아버지 애기를 하려는 건 이 할아버지가 얼마나 큰 부자냐, 돈이 많으냐 하는 것 때문이 아니에요. 그 반대로 이분께서 얼마 전에 돌아가시기 전에 그 많은 재산의 95%를 기부하시겠다고 하셨다는 점 때문이에요. 참 멋있지 않나요? 여러분! 여러분들은 어떻게 생각해요?"

반복되는 질문에도 특별한 반응이 없는 아이들. 어떤 말로 마무리를 지어야 할까 하는 고민이 밀려드는 순간이었다. 괜히 어려운 애기를 꺼내놓고 실수한 것 같았다.

만들기 하고 그림을 그리는 경제교육 시간에 아이들 앞에서 빈약한 기부 문화, 자기 것밖에 모르는 천민자본주의를 성토할 수도 없고, 그렇다고 우리 모두가 워렌 버핏처럼 기부하고 생을 마치자고 일장 연설을 늘어놓기도 어려웠다. 고심하고 있던 그때 누군가가 입을 열었다.

"착해요."

'착하다? 아, 그거였구나. 착한 거였구나. 왜 버핏이 착한 사람이란 생각을 떠올리지 못 했던 걸까? 착하다는 단어와 부자라는 단어와는 어울리지 않는다고 생각했던 게 아닐까?'

‘고정관념에서 자유로운 아이들은 그런 표현을 쓰는 데에 어색함이 없을 수 있겠다’는 생각이 머리를 스쳤다.

부자가 천국에 가는 것은 낙타가 바늘구멍을 통과하는 것보다 어렵다고 했던가. 막스 베버가 《프로테스탄트 윤리와 자본주의》에서 건전한 노력을 통한 부의 형성을 정당화했음에도 불구하고 ‘착한 부자’라는 단어는 종종 모순어법(Oxymoron)처럼 받아들여지곤 한다.

‘부자’라면 왠지 착하지 않은 사람일 것 같고, ‘착한’ 사람은 왠지 어리숙하고 손해만 보고 살아 경제적 성공을 거둘 수 없을 것처럼 보이기 때문이다.

‘털어서 먼지 안 나는 사람 없다’는 말이 있다. 극심한 경쟁사회에서 부정한 방법 한 번 사용하지 않고 주변 사람들 다 배려해가면서 경제적 성공을 거둔 사람은 아마 굉장히 드물 것이다. 그렇지만 ‘경제적 성공과 도덕적 성공’ 모두를 추구하는 것을 마땅히 행해야 할 의무라 믿고 노력해 온 사람들은 의외로 많이 있어 왔다.

돈과 윤리에 관한 이야기

“착하고 성실하게 살아, 그러면 성공할 수 있어.”

“그렇게 해서 누가 성공했는데요?”

아이들이 당돌하게 이런 질문을 해 오면 누구를 대야 할지 막막할 때가 있다. 어줍잖은 지식으로도 소위 돈 벌었다는 사람들의 치부 한두 가지쯤은 알고 있기 때문이다.

자본주의 사회에서 반칙을 써가며 경쟁하는 이들이 있는데 살아남기 위해 발버둥치는 한편, 주변 이해관계자들을 모두 챙기면서 성공하려면 훨씬 많은 고생을 감내해야 한다.

단기간 내에 벌이지는 일회성 경쟁이라면 확률적으로 지킬 것 지키고 꼭 지키지 않아도 당장 지키지 않아도 지장을 초래하지 않는 도덕적 기준까지 지키는 사람들보다는 소위 융통성 있는 이들이 나은 성과를 거둘 가능성이 더 높을 것이다.

그러나 다음 세대 아이들에게 ‘적당히 해라’와 같은 류의 말을 하고 싶진 않다. 나중에 아이들에게 동화 속의 이야기를 사실인양 들려준 어른이었다고 원망을 들을 망정 ‘잘 사는 것’과 ‘훌륭하게 사는 것’ 둘 모두 포기하지 말고 노력하라고 이야기할 것이다.

계몽주의적이고 근대적이라는 핀잔을 들을 수도 있지만, 우리에게는 세상을 우리가 왔던 곳보다 좋은 곳으로 만들어 놓고 떠나야 할 의무가 있다고 믿기 때문이다. 내 이해를 넘어 주변을 돌아볼 줄 아는 이들이 늘어갈 때 세상은 점점 나아질 것이다.

우리 사회에서 돈이면 다 된다는 식의 사고, 무슨 짓을 해서라도 돈 많이 벌고 출세하라는 식의 천민자본주의가 강화되고 있다고 한다. 다양한 문제점을 보이고 있는 우리나라의 현 경제상황을 비판하는 것은 중요한 일이다. 그러나 내 비판 하나를 더 보태는 것이 우리사회를 변화시키는데 진정 큰 도움이 될 지에 대해서는 장담할 수 없다.

내가 할 수 있는 범위 내에서 보다 나은 사회를 만들기 위해 할 수 있는 일이 없을까? 그 방법으로 저술을 떠올린 것은 자본주의 대표국가인 미국에서였다.

대학에 입학하고 적성문제로 고민하던 나는 군 제대후 미국으로 가 그곳에서 대학을 마쳤다.

다녔던 곳은 시카고에 있는 가톨릭 예수회 재단이 운영하는 대학이었다. 유학시절 학교 매점에서는 1.1달러짜리 일반 커피와 1.4달러짜리 페어 트레이드 커피(Fair Trade Coffee)[1]를 팔고 있었다. 두 커피가 다른 종이컵에 담겨 팔리기에 컵홀더가 더 화려한 페어 트레이드 커피가 더 맛있는 건 줄 알고 하나 사 마셔 봤다. 그런데 이상하게도 맛이 일반 커피와 별반 다를 바가 없었다.

---

1. 공정거래 커피(Fair Trade)란? : 1994년 공정거래재단(The Fairtrade Foundation)이 영국의 선발 자선단체들에 의해 설립되었다. 이 재단은 공정거래 생산품에 대해 소비자 상표를 부여해 왔다. 대표적 커피업체 Cafedirect는 농장에 시장가격보다 높은 가격을 지불하고 코스타리카, 멕시코, 페루 등으로부터 원두를 구매하거나, 영국 내에서 시골 학교 지원과 병원 지원을 약속한 생산조합들로부터 원두를 구매해 가공, 판매해왔다.

‘왜 이럴까?’

의아함에 매점에 붙어있던 안내서를 읽다가 페어 트레이드 커피란 커피 생산 과정에서 노동착취가 일어나지 않는다고 인정된 커피로서 비싼 노동력을 사용하기 때문에 일반 커피 대비 20~30% 프리미엄에 붙어 팔리는 제품이란 것을 알았다.

‘얼굴도 보지 못한 제3세계 어린이들의 노동 착취를 막기 위해 30%나 비싼 커피를 사서 마신단 말인가? 만약 우리나라 대학 매점에 이런 커피가 팔리고 있다면 돈을 더 내고 더 비싼 커피를 사 마실 사람이 몇이나 있을까?’

예수회 특유의 진보적 성향 때문에 학교의 커리큘럼에는 경영윤리 수업이 필수 코스로 포함되어 있었다.

‘보이는 만큼만 보인다.’던가?

수업을 듣기 전에는 경제논리가 지배하는 삭막하기만 한 곳이 바로 미국인 줄로만 알았다. 그런데 수업을 통해 그 곳에 사는 이들이 자신들과는 직접적인 이해관계가 없어 보이는 제3국의 빈곤문제, 유아 노동문제, 경제개발 문제, 여성문제 등을 고민했다는 점을 알게 되었다. 아울러 그들이 우리보다 백 년 이상 긴 자본주의 역사를 바탕으로 이미 오래 전부터 상생을 모색해 왔고 소비와 투자에 있어서도 윤리적 기준을 생각하는 성숙한 시민의식을 갖고 있다는 것을 발견했다.

계기가 된다면 우리나라에 돌아와 그곳에서 들었던 돈과 윤리에 대한 이야기들, 착하게 살아 성공을 거둔 이들의 이야기들을 소개하리라 마음먹었다.

일일 경제교사 자원봉사에서 떠올린 착한 부자라는 화두는 그동안 미루어왔던 저술을 감행하게 했다. 글을 통해 시장 경제가 한정된 자원을 차지하기 위해 서로 경쟁하는 제로섬 게임만은 아니며, 경쟁사회에서도 비즈니스 주변에 대한 관심과 노력을 통해 모두가 상생하는 것이 가능함을 알리고 싶었다. 특히 실업과 입시에 대한 압박으로 자살이라는 극단적 선택까지 내몰리는 젊은이들에게 좋은 비전을 제시해 그들의 위축된 마음을 변화시키고 싶었다.

여러 가지 제반 여건상 이 책에 나온 이야기들을 당장 현실에 적용하라고 종용할 수는 없다. 살아남기 위해 지금 당장 도덕적 경제행위를 극대화하지 못하고 있는 개인과 기업들을 질책하는 것은 지나칠 뿐만 아니라 위험할 수 있다.

다만 바라는 것은 독자들이 '자본주의가 발달한 외국에서는 부를 어떻게 바라보고 있고, 그네들은 기업윤리를 저런 방식으로들 실천하는구나'라고 알게 되는 것이다.

이렇게 접한 정보들이 축적되어 독자들에게 아이디어를 제공하고 개인과 기업들이 비전을 세우는데 참고가 된다면 우리 사회 또한 보다 살기 좋은 곳으로 바뀌어 나가리라 믿는다.

어떻게 쓰느냐보다 어떻게 버는가의 문제다

자유민주주의는 정치적으로는 1인 1표제 하에서 정치적 평등을 추구하면서도 경제적으로는 불평등을 수용하는 체제이다.

마르크스는 150년 전에 자본주의 체제의 모순이 필연적으로 계급혁명을 유발할 것이라고 예언한 바 있다. 그러나 그의 예언과는 달리 글로벌 경제의 파이는 커져 왔으며, 가난과 기아 문제가 크게 해소되고 인권신장이 이루어져 왔다. 여기에는 물질적 풍요를 기반으로 남들을 배려하고 상생하려 하는 개개인과 집단의 각성이 큰 영향을 끼쳐 왔다.

우리나라에서 흔히 부와 윤리에 대해 이야기할 때 기부가 없단 말들을 많이 한다. 그러나 서구에서 기부는 윤리성을 거론할 때 고려되는 요소 중 하나일 뿐이다.

미국 경제 전문지 《포브스(Forbes)》지의 가장 '존경 받는 기업' 순위 선정 카테고리는 환경적 영향, 기후변화, 인권, 기부행위, 노사관계, 재무적 성과, 기업지배구조 등의 일곱 가지 사항으로 구성되어 있다.

《포브스》지는 존경 받는 기업을 선정함에 있어 이 항목들 중 환경적 영향과 노사관계에 19.5%의 가장 큰 비중을 부여하고 있다.

다시 말해 좋은 자본가, 좋은 기업에게는 '어떻게 버는가'가 '어떻게 쓰느냐'보다 더 중요한 문제에 해당한다고 할 수 있다.

쓰는 것은 개인적 차원에서 이뤄지는 행위지만 버는 행위는 이해관계자들의 삶과 사회 정서, 문화, 제도에 직접적 영향을 주기 때문이다.

이 책은 '어떻게 벌어야 할까'를 고민하는 이들을 돕기 위해 쓰여졌다.

철학적 관점에서 윤리적인 문제를 깊이 따지기보다 '상식 차원에서 경제적 이익과 사회적 책임 사이에서 고민한 인물들의 기업들의 모습'을 그려 독자들 스스로 부와 윤리에 대한 생각을 하도록 유도하려 했다.

책의 전반부에서는 근대화 시대 거부들의 이야기를 했다.

미국의 산업화 시대를 대표하는 카네기, 록펠러, 포드가 가졌던 부에 대한 생각과 그들이 가졌던 직업윤리 등을 되짚어 보았다. 사회의식이 발달하지 못한 산업화 시기를 살았던 자본가들은 현대인들 수준의 세련된 윤리의식은 지니지 못했지만 부에 대한 생각에서는 현대인들보다 앞서는 무언가가 있어 보인다.

중반부에는 현대사회에서 기업윤리를 이야기할 때 중요하게 다루어지고 있는 기업들과 경영자들을 소개했다. 브랜드 마케팅이

고도화되고, 기업을 둘러싼 이해관계가 고도화된 오늘날 기업들과 경영자들이 어떠한 방법으로 이익과 윤리라는 두 가지 목표를 성취하고 있는지를 살펴보았다.

금융위기 이후 정부 개입 강화, 시장 규제 등으로 대변되는 뉴노멀(New Normal)의 등장, 사회 책임적 투자 SRI(Socially Responsible Investments)의 부상, 지속가능경영에 대한 관심 부각 등은 앞으로 글로벌 경제가 각자의 생존투쟁보다 이해당사자들 간의 협력을 통한 공존을 모색하고 있다는 것을 보여준다.

책 말미에는 중요한 이슈로 부각되고 있는 사회책임투자의 개념을 소개해 앞으로 경영 윤리가 어떻게 발전해 나갈지를 가늠해 보았다.

앞으로 소개될 기업가들과 기업들 중 다수는 기업윤리와 경영 철학을 애기할 때 약방의 감초처럼 등장하는 인물들과 회사들이다. 이미 잘 알려진 이야기일 수 있지만 '세상에서 착하게 벌어야 한다는 책' 하나쯤 더 보태는 작업이 결코 쓸데없는 일은 아니라 생각한다. 한두 명이라도 주제에 공감하는 사람이 늘어난다면 이 책의 소임을 다 하는 것으로 보기 때문이고, 요즘은 '착하게 살자'는 말이 사라지고 있어서 문제이지 너무 많아 문제인 상황은 아니라 보기 때문이다.

Part 1.
근대화 시대의
부자들

"부와 윤리에 대한 거부들의 마인드를 읽는다."

애덤 스미스는 《국부론》에서 토머스 홉스가 리바이어던에서 했던 말을 인용해 '부는 곧 힘'이라고 했다. 스미스는 부자들의 힘을 단순히 노동 또는 생산력에 대한 일정한 지배력으로 한정지어 설명했지만 미디어가 발달된 현재 부자들의 영향력은 그보다 크다.

요즘은 경제적인 성공이 종종 사회적 성공과 동일시되고 있으며, 사회적으로 성공한 인사들의 말과 행동은 의도하건 의도하지 않았던 간에 롤 모델이 됨으로써 다른 사람들의 가치관에 영향을 미치고 있다.

주변을 둘러보면 나쁜 부자들에 대한 얘기들이 홍수를 이룬다. 현실태를 비판하는 작업은 많은 카타르시스를 주는 작업이다. 아마 비판 하나를 더 보태는 작업이 사회가 긍정적으로 변화하는데 큰 도움이 된다면 낭상 비판에 매달려도 괜찮을 것이다.

허나, 이미 많은 비판이 존재하는 상황에서 쓴소리 하나를 더 보태는 것이 과연 많은 사람들에게 공감을 일으키고 변화를 가져올 수 있을지에 대해서 확신하진 못한다.

대신 대표적 자본가들의 훌륭한 점을 찾아 그들을 칭찬하는 작업을 하는 한편, 그들의 과오와 한계를 되짚어 보려 한다. 무엇이 상식을 지닌 자본가의 모습인지 제대로 아는 것이 성숙한 자본주의를 구현하는 첫걸음이라 보기 때문이다.

1.
앤드류 카네기, 직업윤리

2011년 8월 둘째 주, 미국 신용등급 하락이 있었던 8월초 이후 주식시장이 급락하기 시작했다. 여기저기서 개인적 문의가 들어왔다.

"대출받아 주식형 펀드에 들어가 보려 하는데 어떻게 생각해?"

미국과 유럽의 경제 펀더멘털이 좋아 보이지 않는 상황에서 금융업계 종사자로써 해줄 수 있는 말은 "시장이 좋지 않아 보입니다. 이런 때 돈을 꿔서 투자하는 건 좋지 않은 것 같은데요."와 같은 사람들이 별로 듣고 싶어 하지 않는 말뿐이다.

차분히 생각해 보면 씁쓸함을 금할 길이 없다.

"왜 저리도 많은 사람들이 투기를 하려 하는 걸까? 부자만 될 수 있다면 어떤 방법으로 돈을 모아도 된다고 생각하는 것일까?"

기본에 충실하라

"성공한 사람들은 한 가지 길을 선택하고 그 길을 끝까지 걸어간 사람이다. 자신의 사업에 투자하고 그것에 전념한다면 막대한 이익을 창출해낼 수 있다는 진리를 깨닫고 있는 사람이 너무나 적다는 요즘 세태에 놀라울 뿐이다."

앤드류 카네기, 1913년(78세)

철강왕 앤드류 카네기(1835~1919)가 철강업에 진출했던 1890년대 중반의 미국은 기회의 땅이었다.

폭발적으로 성장하는 경제 덕에 각 산업에서는 기회들이 주렁주렁 열렸다. 막 자본가의 대열에 진입한 카네기에게도 손쉽게 다른 사업들에 투자해 돈을 벌 기회가 찾아왔다. 세상에 쉽게 돈 벌게 해주겠다는 제안을 마다할 사람은 거의 없을 것이다. 그러나 쉽게 돈 버는 것을 체질상 받아들이지 못하는 그는 어떤 선택을 해야 할지 고민하기 시작했다.

그리고 결국 카네기는 쉽게 돈 벌게 해주겠다는 투자 제안들을 모두 거부한다.

그는 돈은 생산을 통해 벌어야 한다고 생각했다. 제조업자로서 잔뼈가 굵은 그는 투기는 자신이 할 일이 아니라고 생각했다. 그는 일생 동안 사업상 거래에서 증권으로 대금을 받은 경우들과 단 한 번의 예외를 제외하고는 투기적 목적으로 주식을 매매하지 않았다. 투기에 빠져 단기적 이익 추구에 매달리면 자신뿐 아니라 자신이 운영하고 있는 사업 자체가 위험해질 수 있다고 보았기 때문이다.

'주식 시장의 혼돈 속에 빠져 있는 사람은 건전한 판단력을 잃게 마련이다. 술에 취해 있는 것과 마찬가지로 있지도 않은 것을 있다고 착각하고, 있던 것마저 전부 잃게 된다. 상대적으로 사물을 관찰하지 못하여 미래에 대한 견해가 왜곡되고 마는 것이다. 이성적인 판단에 의해 내려지지 않은 결론에 아무런 근거도 없이 한달음에 덤벼들고 마는 것이다. 주식시장에 마음을 빼앗기면 냉정하게 생각을 할 수가 없다. 투기라고 하는 것은 기생충과 같아서 그것 자체는 아무런 가치도 없는 것이다.'

금융시장 발전이 대단한 것 같은 우리나라지만 실제 시장이 개장한 건 1962년이고 개인 투자가들의 투자가 본격화 된 것은 HTS가 보편화된 최근 20년 안쪽의 일이다. 하지만 100년 전 카네기가 본 주식시장의 모습은 개미들이 달려드는 우리 주식시장의 모습을 많이도 닮아있다. 즉 카네기는 투기가 판단력을 흐리게 한다는 것을 알고 있었던 것이다.

어쩌면 우리 대부분은 카네기가 말한대로 '시장의 혼돈 속에 빠져 건전한 판단력을 잃은' 채 우리가 가진 가장 큰 자산인 시간을 낭비하며 사는지도 모른다.

한 우물 파기

'나는 그 누구보다도 자신의 자본을 어떻게 써야 하는지를 잘 알고 있다 중역진들보다도 훨씬 잘 알고 있다. 그러므로 젊은이들에게 내가 해주고 싶은 말은 평생의 직업이라고 정한 일에 대해서는 시간과 정성을 다하는 것은 물론이고, 자신이 가지고 있는 마지막 1달러까지 쏟아 부으라는 것이다. 나는 젊은 시절에 이미 그렇게 결심을 했다 철강 생산에 전력을 집중시켜 그 길의 최고가 되겠다고 결정한 것이다.'

앤드류 카네기는 1835년 스코틀랜드의 던펌린에서 태어났다. 카네기의 아버지는 수동식 직조기를 사용하는 작은 가내 공장을 운영했다. 1847년 증기식 직조기가 도입되면서 카네기의 가족은 경제적 어려움에 처한다.

스코틀랜드 내에서 가능성을 찾지 못한 카네기의 가족은 결국 1848년 미국으로 이민을 택한다. 카네기의 가족은 펜실베이니아

주 피츠버그에 정착했다. 카네기는 13세부터 면직물 공장에 들어가 공장 보조원으로 사회생활을 시작한다.

초등학교 졸업도 제대로 못한 카네기였지만 남다른 근면함과 성실함으로 주위의 인정을 받는다. 그는 전신국 전보 배달원, 전신기사를 거쳐 당시 성장세에 있던 펜실베이니아 철도 회사로 스카우트 되었다. 그리고 서른 세 살이던 1867년 유니온 제철소를 시작으로 철강 사업에 뛰어든다.

카네기가 자신이 앞선 사업가가 될 수 있었던 성공비결로 밝힌 것은 본업에 대한 집중이다. 당시의 수많은 투자 열풍에도 개의치 않고 그는 자신의 사업에 매진했다. 그는 철강 산업에서 시대의 흐름을 읽어냈고 한 발 앞선 투자를 통해 시장을 장악해 나갔다. 대표적인 사례로 화학자들을 고용해 제품 품질을 높인 것을 들 수 있다.

카네기의 제철사업이 발돋움하던 1870년대 선철(銑鐵)의 제조에 화학적 지식이 필요하다는 사실을 미국 내에서 아는 이들은 많지 않았다. 소위 기술자라 히는 사람들은 계량적 분서보다는 자신들의 감에 의존해 철광석, 석회석, 코크스 등 원재료의 비중을 결정했다. 이 때문에 생산되는 제품 품질은 고르지 못했고 대량생산 체제를 갖춰나갈 수 없었다.

카네기는 일찌감치 화학적 분석방법이 제조과정에 적용되도록 해 다른 회사들에서 사용하기를 포기한 광석에서도 철을 생산

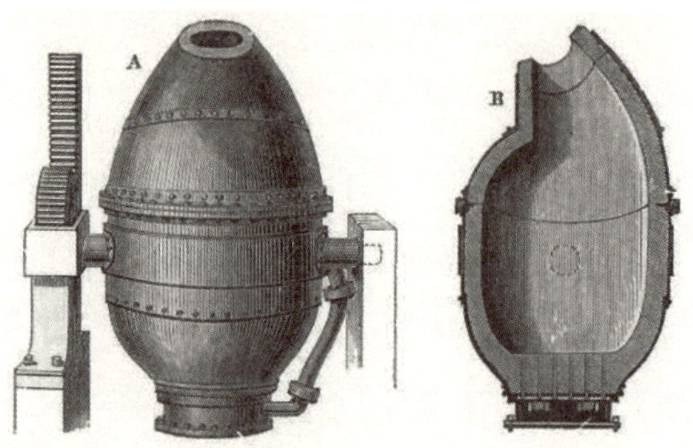

베세머 컨버터
(Bessemer converter. Image from "Discoveries & Inventions of the
Nineteenth Century" by R. Routledge, published 1900.)

할 수 있도록 했다. 또한 유럽에서 베세머 제강법과 같은 첨단 제강 기술을 도입해 기술력으로 시장을 선도해 나갔다. 여기에 근검한 기업문화를 더해 경쟁업체들이 쓰러져 갔던 공황기에도 축적된 자본력을 바탕으로 사업을 더욱 확장해 나갈 수 있었다.

앞서 언급한 바와 같이 카네기는 본업에 대한 '집중'을 성공의 선행조건이라 보았다. 카네기가 총각생활을 마감하고 결혼한 해가 1887년 우리나라 나이로 53세였음을 감안하면 그의 일에 대한 몰입이 어느 정도였는지 대략 짐작할 수 있을 것이다.

"어떤 공장이든 그곳에 있는 기계 중 하나를 치워버리고 능률적인 기계를 새로 들여놓는 것이 좋은 경우가 반드시 있다. 또한 기계의 증설이나 새로운 작업의 연구를 통해 훨씬 많은 이익을 창출해 낼 수 있음에도 불구하고, 그 일은 게을리 한 채 자신의 영역 이외의 것에 투자를 하는 사람이 많다. 그런 투자를 통해 아무리 많은 수익이 들어온다 하더라도 자신의 사업을 게을리 해서 발생한 손실을 메우기에는 역부족이다. 내가 아는 많은 사업가들의 대부분은 은행의 주식이나 자신의 사업과는 아무런 관계도 없는 사업에 투자를 할 뿐, 진정한 광맥이 자신의 공장에서 잠이 들어 있다는 사실은 잊고 있다.”

부자로 죽는 것은 치욕스럽다

카네기를 이야기하면서 그가 역사에 남을만한 엄청난 기부를 했다는 사실을 빼놓고 이야기할 수는 없을 것이다.

그는 1889년, 저서 «부의 복음(Gospel of Wealth)»에서 “부자의 인생은 부를 획득하는 전반부와 부를 분배하는 후반부로 나뉜다. 부자로 죽는 것은 수치스러운 일이다.”라고 말했던 적이 있다.

카네기는 부를 나누기 위한 사회 변혁은 많은 고통을 수반한다고 보았다. 따라서 사회문제의 원인을 해결할 수 있는 가장 바람직한 방법은 개인적 수준의 자선활동이라 보았다. 그는 부자는 사회에 교육기관과 문화기관을 제공해야 할 의무가 있다고 보았다. 그

John Pierpont Morgan
(1937~1913)

Homestead Strike, 1892
(1892 - Illustrated Weekly - Labor
troubles at Homestead, PA)

는 2,500개가 넘는 도서관과 카네기 홀 등의 공연장을 지어 기부했으며, 1900년 카네기 멜런 대학을 설립해 기증하는 한편, 미국 정부에 부자들에게 거액의 재산세를 부여해야 한다고 제안하기도 했다.

1890년대 카네기는 카네기 철강회사를 세계 최대의 철강업체로 키운다. 1901년 66세가 된 카네기는 은퇴를 고려하던 중 자신과 가까운 존 피어폰트 모건(JP Morgan의 설립자)을 통해 회사에 대한 매각 제안을 받는다.

1901년 3월 그는 유에스 스틸(US Steel)과 카네기 철강의 합병을 동의하고 4억8천만 달러 상당의 유에스 스틸 지분을 받는 조건으로 회사를 매각하고 경영에서 물러난다. 모건은 거래를 성사시킨 직후 카네기에게 "카네기 씨 세계에서 가장 부유한 사람이 되신 것을 진심으로 축하합니다."라고 말했다. 주급 1달러 20센트를 받던 소년이 세계 최고 부자의 한 사람이 된 것이다(한창 때 카네기의 재산은 미국 GDP의 약 0.6%, 현재가치로 100조원 이상으로 추산됨). 경영에서 물러난 그는 1919년 사망 전까지 재산의 90% 이상을 사회에 환원해 자신과의 약속을 지켰다.

오명을 남긴 노동자 탄압사건

이처럼 카네기는 세계 최고의 기부천사이기도 했지만, 다른 한편으로는 경쟁에 있어서 양보하지 않았던 사업가란 이유로, 엄청난 부를 소유했었다는 이유로, 그리고 그가 사장으로 재임하던 1892년 발생한 홈스테드(Homestead)의 파업 분쇄 사건에서 10명이 사망한 사실로 인해 아직까지 종종 불법, 탈법적 수단을 동원해 석유 산업을 독점했던 록펠러와 함께 악덕 자본가로 언급되곤 한다.

이러한 비판은 그의 짠돌이 성격에서 기인한 것으로 보인다. 카네기는 공익을 위한 기부에는 후한 인심을 보였지만, 회사가 많은 이익을 올렸을 때 근로자들에게 많은 임금을 지급하는 것은 효율적 부의 분배가 아니라고 보았다. 개인들의 생활수준을 올려주는 것은 사회적으로 작은 이익에 불과하다고 본 것이다.

카네기는 공격적으로 사업을 확장하면서도 종종 임금인상을 거부하거나 임금 삭감을 시도했다.

1800년대 말 미국을 휩쓴 극심한 노사 대립 속에서 이러한 행위는 노동계로부터 많은 비판을 받았다. '임직원의 임금을 줄여 남은 돈으로 자선사업을 벌린다', '생활고에 시달리는 노동자들이 어떻게 도서관을 이용하겠는가' 등의 비난이 그를 따라다녔다.

하지만 맨주먹으로 철강왕의 자리에 오른 카네기가 그 정도 비판에 기가 죽을 리는 없었다. 그러던 와중에 홈스테드 제강소 파업 분쇄 사건이 터졌다.

1892년 카네기가 운영하던 홈스테드 제강소의 임금계약기간이 만료되었다. 총 직원 3,800명 중 생산량에 비례해 임금을 받아왔던 218명의 직원은 임금이 생산량 증가에 따라 60% 정도 오르게 되었다.

카네기는 홈스테드 제강소의 생산량 증가는 회사가 단행한 수백만 달러 규모의 설비투자에 의한 것이었다며, 시설투자 부담 때문에 생산량에 비례해 임금을 받던 이들의 임금을 30%밖에 올려주지 못하겠다고 통보했다. 그리고 임금협상을 당시 회사의 2인자였던 헨리 프릭(Henry Frick)에게 일임하고 해외 출장을 떠났다. 강경한 성격의 프릭은 노동자 대표들과의 임금협상이 난항에 빠지자 공장 폐쇄 결정을 내렸다.

사측의 일방적 공장 폐쇄 조치에 반발한 노동자들은 공장을 점

거하며 사측의 결정에 반발했다. 프릭은 공장을 탈환하기 위해 경비 용역업체인 핑커턴 탐정회사(Pinkerton Detective Agency)를 고용해 공장 탈환을 지시했다.

1892년 7월 5일 밤 총기로 무장한 핑커턴 탐정회사 요원들이 공장을 점거중인 노동자들을 내몰기 위해 현장에 들이닥쳤다. 이에 노동자들은 폭력으로 맞섰다. 이 과정에서 노동자들과 핑커턴 요원들 간의 총격전을 벌어지면서 노동자 아홉 명을 포함 수 명이 사망하고 수백 명의 부상자가 발생한 사건이 발생했다. 폭력 사태는 결국 8천 명의 주 방위군이 투입되어서야 진정될 수 있었다.

카네기 철강 회사의 파업 폭력 진압 시도는 당시 지나친 노동자 탄압으로 간주되었다.

카네기는 홈스테드 사건 당시 강경 진압 결정을 내리지는 않았지만 최고 경영자로서 도덕적 비난을 모면할 수 없었다. 여론의 집중 포회 속에서 성공한 기업가로서, 자선가로서 그가 쌓아왔던 명성은 큰 타격을 입었다.

그러나 카네기는 록펠러처럼 시장조작, 불법, 탈법적 카르텔 형성 등으로 경쟁자들을 압박한 적이 없다. 적어도 그는 경쟁에 있어 명예롭게 경쟁하는 법을 중시했던 신사였다.

평화주의자 카네기

전쟁은 사업가들에게 엄청난 돈벌이의 기회를 제공한다. 실제로 미국 경제를 좌지우지 했던 JP모건, 벤더빌트, 록펠러 등은 남북 전쟁을 이용해 대 자본을 축적할 수 있었다.

철강업에 종사하던 카네기는 전쟁을 이용해 누구보다 많은 돈을 벌 수 있는 위치에 있었다.

하지만 그는 전쟁을 이용한 돈벌이를 수치스럽게 생각했다. 또 노년에 들어서는 세계 대전 발발을 막기 위해 동분서주했다. 이런 점들을 고려한다면 그에게 악덕 자본가란 평가는 다소 과한 측면이 있어 보인다.

미국이 약소국인 칠레와 전쟁을 앞두고 있을 때 전쟁을 막기 위해 대통령을 만난 그의 일화는 그가 어떤 사람이었던가를 보여 주고 있다.

“자네는 뉴욕 사람이라 사업과 달러밖에 생각하지 않네. 그것이 뉴욕 사람들의 방식이지. 공화국의 위엄이나 명예는 자네의 안중에도 없네.”

“각하, 그렇지 않습니다. 만약 전쟁이 일어난다면 미국에서 가장 많은 돈을 벌 수 있는 사람 중 한 명입니다. 최대 강철 사업가로서 수백만 달러를 벌어들일 수 있는 기회지요.”

"그래, 자네 입장에서는 그렇겠군. 완전히 잊고 있었네."

"잘 들어 주십시오. 만약 제가 싸움을 한다면 저는 저와 비슷한 상대를 고를 겁니다."

전설로 회자되는 가난한 스코틀랜드 이민자의 성공기. 그가 거부가 될 수 있었던 비결은 '자신이 목표한 것에 한 눈 팔지 않고 집중하는 것'이었다. 미국 신용등급 강등 이후 급락과 급등을 오가는 주식시장에서 한국의 개미들에게 그가 무슨 메시지를 전할지 뻔하지 않은가?

1998년 포브스는 미국의 역대 갑부 랭킹을 발표하면서 카네기를 록펠러, 밴더빌트 등에 이은 5위에 랭크시켰다. 당시 그의 재산을 현재 가치로 환산하면 1,000억 달러(110조원)에 달한다고 하니 한 우물 판다고 손해 보는 일이 아님은 스스로 입증했다 할 것이다.

명심하자. 부자가 되는 가장 손쉬운 방법은 우리의 '공장에서 잠자고 있는 광맥을 찾는' 일이라고 100조 부자가 얘기해 주었다는 사실을.

《뉴발란스》
소매업자와 손잡고 성공한
운동화 제조업체

아이러니컬하게도 세계 최대의 운동화 제조업체 나이키는 스스로를 운동화 제조업체로 보지 않고 '운동화 마케팅' 업체로 본다. 스스로 운동화를 만드는 대신, 모든 운동화를 외주를 통해 생산하고 자사는 마케팅 활동에 주력하기 때문이다.

반면 뉴발란스라는 운동화 제조업체는 스스로를 운동화 제조업체로 본다. 생산을 아웃소싱 하는 나이키와 달리 뉴발란스는 제품을 직접 생산하고 있으며 전체 제품의 30%를 미국 내에서 생산하고 있다. 생산 과정에서 비싼 인건비를 지불하는 대신 나이키처럼 유명 스타를 고용해 광고를 하지 않기 때문에 품질 좋은 운동화를 경쟁력 있는 가격에 판매할 수 있는 것이다.

자국 내에서 벌어지는 생산 활동은 재고 관리에도 도움을 준다. 미국에 공장을 가진 뉴발란스는 해외에 공장을 가진 경쟁업체들보다 훨씬 더 빨리 필요한 재고를 소매상들에게 공급한다. 이는 소매업자들의 재고 비용을 줄여주고 자사에게는 소비자들의 취향 변화에 빠르게 대응할 수 있도록 한다.

뉴발란스는 직영 매장을 통해 소비자들에게 물건을 파는 방법을 지양하고 대신 소매상들을 통한 제품 공급만을 추구한다. 뉴발란스의 CEO 짐 데이비스(Jim Davis) 회장은 자사의 전략에 대해 다음과 같이 설명한다.

"우리는 소매업자들을 우리의 경쟁자가 아닌 파트너로 본다. 이것이 바로 우리가 현재 있는 3개의 공장 아울렛 이외에 소매점을 확장하려는 계획이나 포부를 절대 가지지 않는 이유이다. 우리의 철학은 간단하다. 당신은 당신이 하는 일을 잘 하고 우리는 우리가 하는 일을 잘 할 것이라는 것이다." [1]

제조업체로서 사업 본질에 집중하고 유통업체들과 상생을 시도하는 뉴발란스의 시도는 소매업체들로부터 열렬한 지지를 받았다. 그 결과 뉴발란스는 소매업자들의 적극적 협력에 힘입어 신발의 수명 주기(새로운 스타일의 신발이 소비자에게 배달되는 시기)를 50% 가량 줄일 수 있었다. 소매업자들과 성공적 관계 맺기에 성공한 뉴발란스는 1990년 운동화 업계 12위에서 2004년에는 아디다스-리복을 제치고 업계 2위로 올라섰다.

---

1. 『위대한 기업을 넘어 사랑받는 기업으로』, 222p

2.
록펠러,
기부

청교도 정신의 아이콘 록펠러

한 사람의 부자가 있다. 그는 죽기 전 재산의 반을 사회에 환원했고, 나머지 반은 후손에 맡겨 사회사업에 사용되도록 했다. 금융공황이 발생했을 때는 아흔 살의 나이로 미디어 앞에 나타나 '우리나라 경제 기초는 튼튼합니다'라는 메시지를 전하고, 다음날 사재를 털어 폭락한 회사의 주식을 공개 매수해 시장에 본을 보였다.

워렌 버핏이나 빌 게이츠의 이야기가 아니다.

그들보다 한 세기 앞을 살았던 미국 역사상 최대의 부자 록펠러(John D. Rockefeller 1839~1937)의 이야기다. 카네기가 '카네기 홀'로 기억되는 것처럼 흔히들 록펠러를 이야기하면 록펠러라는 사람보다는 뉴욕 멘하탄의 '록펠러 센터'를 떠올릴 뿐, 그가 어떤 사람이었던가는 우리에게 잘 알려져 있지 않다. 그러나 록펠러는 미국 근대화를 이야기할 때 빼놓을 수 없는 중요한 기업가이다. 그를 훌륭한 경영가로 볼 것인가 아니면 트러스트(Trust) 형성을 통해 소비자와 경쟁업체를 착취한 탐욕스런 기업가로 볼 것인가에 대해서는 많은 논란이 있어 왔다.

결론부터 이야기하자면 록펠러는 윤리적 기업가로 불리기에는 한참 부족한 인물이다. 그러나 거대 자본가였던 그의 공과를 들여다 보는 것은 부와 윤리 문제를 고민하는 이들에게 많은 것들을 시사한다. '돈펠러'라고 불릴 수 있는 록펠러의 삶을 들여다보자.

1839년 록펠러는 평범한 가정의 장남으로 태어났다. 동시대를 살았던 카네기가 갓 이민 와 찢어지게 가난한 환경에서 성장한 반면, 그는 금광 개발 시대에 금을 찾아 집 밖으로 돌아다니며 바람피우고 다닌 난봉꾼 아버지를 두었음에도 그럭저럭 고등학교 정도는 마칠 수 있는 환경에서 자랐다.

기독교는 록펠러를 이해할 수 있는 중요한 키워드이다. 그는 평생 밖으로 돌아다닌 아버지보다는 독실한 침례교인이었던 어머니의 영향을 많이 받고 자랐다. 어머니는 그에게 평생 살아오며 지켜야 할 몇 가지 사항만을 주문했다. 그 중 하나가 평생 무슨 일이 있어도 일요일에 교회를 가 맨 앞자리에 앉아 예배를 보는 것이었다.

엄청난 부자가 된 뒤에도 그는 어머니의 이러한 주문을 충실히 수행했다고 전해진다.

어렸을 때 록펠러의 별명은 집사님이었다. 장성한 뒤로도 평생 술, 담배를 하지 않았고 일, 가정, 교회만을 오가며 정말 '집사님'다운 삶을 살았다.

경리사원으로 사회생활을 시작한 록펠러는 매일 장부를 쓰는

록펠러, 1885년(46세)

꼼꼼함과 남 밑에서 일 할 때도 아침 여섯 시 반에 출근해 열 시에 퇴근하는 성실함을 갖춘 인물이었다.

근면, 성실, 검약이 몸에 밴 그는 소득이 생기면 악착같이 이를 기록하고 관리했다. 건실한 청년 록펠러는 무슨 일이 있어도 교회 청소, 주일학교 교사, 교회 재정 관리 등 교회 봉사를 거르지 않았고 소득이 많건 적건 간에 십일조를 거르지 않는 청교도적 삶을 살았다.

이렇듯 젊은 시절 그의 사생활은 그가 사업에서 보였던 집념어린 승부사의 모습과는 철저히 대비된다.

록펠러는 22세가 되던 1858년에 클라크 앤 록펠러(Clark and Rockefeller)라는 농축산물 도매 업체를 통해 오하이오 주의 클리블랜드에서 생에 첫 사업을 시작한다.

당시 미시간, 오하이오, 인디에나, 일리노이 등에서는 각기 지역별 특성에 따라 각기 다른 종류의 농산물 및 축산물이 생산되었다. 록펠러는 한 주에서 생산된 농축산물을 싸게 사들여 다른 주로 이송해 마진을 남기고 파는 식으로 도소매 유통사업을 했다.

1961년의 남북 전쟁은 록펠러의 사업이 한 단계 도약하는 계기를 마련해 주었다. 그는 농축산물 유통업에서 축적된 자본력을 기반으로 1963년 석유사업에 진출했다.

미국에서 석유는 1859년 펜실베이니아 타이터스빌에서 에드윈 드레이크 대령에 의해 발견되었다. 초창기 석유는 사용 용도가 분명치 않았다. 이후 원유에서 정제된 등유가 그때까지 램프 기름으로 사용되던 고래 기름을 대체할 수 있다는 사실이 발견되고 산업 현장에서도 활용 가능하다는 사실이 알려지면서 너나 할 것 없이 석유 사업에 뛰어들었다.

'원유 시추에 관한 법령'이 통과되고 남북전쟁이 끝나자 미국 곳곳에서는 석유 개발 붐이 일었다. 곳곳에서 유전 개발이 시작되었고 많은 정유회사들이 생겨났다.

록펠러는 매서운 통찰력으로 석유 사업에서 가장 많은 이익을 올리는 이들은 석유를 생산하는 사람들이 아니라 운송과 정유를 맡는 중간상인들이란 사실을 알아냈다. 아울러 정유 유통과 공급에 드는 방대한 비용을 고려했을 때 규모를 키우는 것이 이점으로 작용할 수 있다는 것을 간파했다.

뛰어난 경영자인가 탐욕스런 자본가인가?

1867년 록펠러는 정유 사업에 진출한다. 재무와 회계에 밝았던 그는 정제 사업을 통해 얻은 이익을 아낌없이 재투자하고 적절히 차입을 활용하여 사업을 확장해 나갔다. 그 결과 1870년 록펠러의 스텐더드 오일은 일일 1,500배럴을 생산하는 미국 최대의 정유사 중 하나로 부상했다(2011년 우리나라 최대 정유사 SK에너지의 일일 생산량은 1,150배럴임).

사업에서 드러나는 그의 특징은 '악착같다'는 점이다. 다른 정유 회사들이 적정 마진에 만족하는 동안 정유 업계의 강자의 하나로 떠오른 스텐더드 오일은 운송비용을 절감하기 위해 철도회사들과의 운송비용 협상에서 정기적 대량 선적을 약속하는 조건으로 공식 운임에서 30~75퍼센트를 되돌려 받는 리베이트 계약을 체결했다. 단독으로 필요한 물량을 선석할 수 없었던 스텐더드 오일은 클리블랜드의 다른 정유업체들과 카르텔을 형성해 선적량을 조절하는 방법으로 운송비용 절감을 달성해냈다. 그러나 스텐더드 오일 카르텔이 철도 회사들로부터 운송요금 할인만 얻어낸 것은 아니었다.

스텐더드 오일 카르텔은 펜실베이니아, 뉴욕 센트럴, 에리 레일로드라는 세 개의 대표적 철도업체들로 하여금 사우스 임프루브먼트사(South Improvement Co.)를 형성하게 했다. 그리고 이들 철도 회사들에 매일 차량 60대에 해당하는 석유 운송과 선적 및 하역 서비스 제공을 약속했다. 스텐더드 오일 카르텔은 사우스 임프루브먼트로 하여금 경쟁사들의 석유 운송료 운임을 올리고 카르텔 회원사들에게는 비회원사 선적량에 대해서도 50%까지 리베이트가 제공되도록 했다. 이러한 리베이트를 이용해 스텐더드 오일은 경쟁사들보다 제품 원가를 낮출 수 있었다. 그리고 저가 정책으로 경쟁사들로부터 고객을 빼앗아 왔다.

그러나 초창기 카르텔의 효과는 록펠러가 기대했던 만큼 효율적이지 못했다. 지금의 OPEC회원국들이 그러하듯이 카르텔에 참여한 일부 업체들이 카르텔이 주는 가격 혜택을 누리면서도 자사의 이익을 늘리기 위해 몰래 판매 물량을 늘렸기 때문이다. 담합에 참여한 업체들 각자의 이해 차이로 효율적 담합이 이뤄질 수 없음을 깨달은 록펠러는 담합 대신 시장을 독점하는 방식으로 전략을 변경했다.

우선 록펠러는 카르텔이 주는 운송비용의 우위를 보다 적극적으로 활용해 유통되는 정제유의 가격을 경쟁사들이 따라 올 수 없는 수준으로 낮췄다. 그리고 가격 경쟁으로 인해 적정 마진을 확보하지 못해 경영난에 허덕이는 경쟁사들을 하나 하나 인수해 나갔다.

운송비용 담합을 위해 출범시켰던 사우스 임프로브먼트사는 뉴욕 정유업체들의 반발로 2개월 만에 해체된다. 그러나 사우스 임프루브먼트사 해체 이후에도 스텐더드 오일은 유통망 장악 시도와 경쟁사 인수를 통한 산업 독점을 포기하지 않았다.

1872년 중반까지 미국 정유산업 중심지였던 클리블랜드에서 경쟁자들을 고사시키는 '클리블랜드 대학살'을 통해 록펠러는 미국 클리블랜드의 26개 경쟁업체 중 22개를 손에 넣게 된다. 그리고 주식시장 공황을 틈타 1873년부터 클리블랜드 외부 지역의 경쟁업체들을 인수하기 시작했다.

경쟁자들에게 살길은 열어줬다

록펠러는 경쟁에 있어 이처럼 냉혹했지만 경쟁업체들을 매수하는데 있어 인색하진 않았다. 그는 강압보다는 '당신이 아무리 노력해도 우리를 이길 순 없소'라는 식의 설득을 사용했고, 매수 시에는 상대가 만족할 만한 가격을 불렀다. 어찌 보면 서부활극 같았던 미국 정유업계의 시장 쟁탈전 속에서 경쟁자들에게 살 길은 열어줄 줄 알았던 사람이라 할 수 있다.

단순히 자신의 장부를 보여주는 척만 해도 경쟁사들이 스텐더드 오일과의 가격경쟁에서 이길 수 없다는 걸 깨달았기 때문에 통상적으로 인수는 평탄하게 이루어졌다. 물론 그는 상대가 거부할 경우 상대를 부도내고 더 헐값에 사들이는 것이 충분히 가능하다

오하이오주 클리블랜드의 스텐더드 오일 1호 공장. 1901년

는 멘트를 덧붙이는 것도 잊지 않았다. 항상 인수 합병 협상에서 가장 높은 가격을 불렀기 때문에 스텐더드 오일의 인수 합병은 조용히 눈 깜짝할 사이에 마무리되곤 했다.

이렇게 매너 좋은 모습에도 불구하고 윤리적 경영자가 되기에 록펠러는 항상 무언가가 부족해 보인다. 일단 그 중에서도 목표를 달성하기 위해 법을 너무 많이 어긴다는 점이 가장 두드러진다.

당시에는 법적으로는 한 주에 소재한 업체가 타 주의 업체를 합법적으로 소유할 수 없었다. 스텐더드 오일은 인수한 자회사들이 기존 사명을 그대로 유지하고 문서상으로 자회사란 사실이 드러나지 않게 하도록 하면서 정부의 눈을 피해 시장 독점을 시도했다. 1877년경 스텐더드 오일은 미국 정유 시장의 90%를 점유하게 됐고, 1881년에는 미국에서 생산되는 석유의 95%를 정유했다.

　록펠러는 경기 변동성이 심한 정유업계에서 살아남기 위해서는 석유의 생산, 수송, 정제, 판매의 모든 과정을 통제해야 한다고 생각했다. 스텐더드 오일은 정유 사업을 확장하는 동시에 수직계열화를 추진해 정제유와 화학제품을 생산함은 물론, 개발사업과 파이프라인 운영을 통한 운송 사업에까지 진출했다.

　그러나 이 과정이라고 그리 깨끗하게 이루어질 리는 없었다. 석유 수송에서 송유 파이프라인 사용이 증가하자 록펠러는 비밀리에 송유관 네트워크를 사들여 스텐더드 오일과 별개처럼 운영했다. 그리고 트레이드 마크인 가격 담합과 생산량 조절을 통해 수송 요금을 상대보다 대폭 인하하고 경쟁사 지분을 매입하는 방식으로 경쟁사의 영업을 방해했다.

　그러나 록펠러를 부정한 방법을 통해 성공한 운 좋은 부자 정도로만 치부하는 것은 적절치 못하다. 그는 회계, 재무, 인사, 연구개발 등 비즈니스의 여러 요소들을 결합해 최적의 결과를 만들어낼 줄 알았던 뛰어난 경영자였기 때문이다.

비용절감을 무기로 세계 오일 시장을 제패하다

　스텐더드 오일은 석유사업 독점을 위해 미국 내 업체들뿐 아니라 해외의 업체들과도 치열한 가격 경쟁을 벌였다. 미국 유전은 러시아나 중동 유전에 비해 하루에 생산되는 원유의 양이 적어 가격 경쟁에 불리한 입장이었다. 록펠러는 이러한 불리함을 비용절감과 선제적 기술투자로 극복해냈다.

록펠러는 경쟁자를 인수하거나 중요한 투자를 감행할 때는 미쳤다는 소리를 들을 만큼 과감했다. 그러나 스스로 검약한 생활을 했으며 늘 비용절감을 위해 고심했다. 메모광이었던 그는 수첩을 들고 정유공장 장비들의 세세한 부분, 수치, 통계 등을 기록했고 종종 절약 아이디어를 제시하곤 했다. 크게 성공한 뒤에도 장부를 뒤져 석유통 마개 개수가 틀린 것을 지적한 예는 지금까지도 전설처럼 회자된다.

"장부에 기록된 3월 재고를 보면 석유통 마개가 1만 750개라고 되어 있어요. 그런데 4월에 2만 개를 새로 구입해서 그 중 2만 4,000개를 소비하고 현재 6,000개의 재고가 있는 걸로 되어 있군. 그럼 750개의 마개는 어디로 갔지?"

또 한 번은 공장 시찰 중 직원들이 석유통에 납땜을 하던 모습을 보고 40번 하던 납땜을 39번 해보도록 지시해 생산 비용을 절감한 적이 있다(근 백년 후에 한국에서 삼성의 이병철 회장도 유사한 일화를 남긴 적이 있다).

시장 독점이 이루어진 후 스텐더드 오일은 53개였던 정유소를 22개로 대폭 축소하는 구조조정을 단행했다. 비용절감에도 과감했던 것처럼 인력 구조조정도 가차 없었음은 물론이다.

위기상황에서의 배팅, 승부사 록펠러

1879년 에디슨이 전구를 발명해 조명 연료로써 등유 수요가 급격히 감소했다. 또한 러시아에서 본격적인 원유 발굴 및 생산이 이루어지기 시작하면서 스텐더드 오일의 미래를 우려하는 여론이 높아갔다.

미국 오일 산업의 위기 상황에서 록펠러는 회사의 미래가 유전 신규 개발에 있다고 보았다.

1885년 새로운 유전이 오하이오주와 인디에나의 리마에서 발견되었다. 하지만 생산된 원유에 황 함량이 높았고 썩은 달걀 냄새가 나는 등, 특수한 정제 설비가 없으면 판매가 불가능했다.

대부분의 개발업체들이 경제성 문제로 리마 유전 개발을 포기했을 때 록펠러는 리마 유전 부지를 매입해 나간다.

록펠러는 헤르만 프라치와 윌리엄 버튼이라는 두 명의 화학자를 고용해 리마 유전에서 생산된 원유를 상품화할 수 있는 새로운 석유 정제 공법 개발을 지시한다. 록펠러의 사업 파트너들은 그의 이러한 조치에 무리수라며 고개를 내저었다. 그러나 록펠러는 묵묵히 리마 지역에 송유관을 건설하고 부지를 확보해 나갔다. 경영진의 동요가 심해지자 록펠러는 이사회 미팅에서 자신의 사재 3백만 달러를 리마 유전 개발에 투자하겠다고 밝혀 이사회의 지지를 이끌어 내기도 했다.

록펠러의 과감한 배팅은 얼마 후 커다란 성공을 거둔다. 새로고용한 화학자 프라치가 정제 공법을 발명한 것이다. 리마 유전 투자를 통해 스텐더드 오일은 저비용으로 수년치에 해당하는 원유를 확보할 수 있었다.

그의 과감한 기술 투자는 얼마 뒤 또 다른 화학자 윌리엄 버튼이 고도화 기법(Cracking: 원유의 분자구조를 분쇄해 마진이 높은 경유와 휘발유 등 경질유 생산 비중을 높이는 기법)을 발명함으로써 또 한번 결실을 맺었다.

글로벌 오일 시장의 경쟁은 점차 심화되어 갔지만 스텐더드 오일은 1882년에서 1891년 사이 세계에서 거래된 석유 거래의 2/3을 독점할 수 있었다.

1900년대 초 내연기관이 장착된 자동차의 대중화되면서 현대 산업의 에너지 기반은 완전히 바뀌었다. 세계가 내연기관을 사용하는 기계와 자동차로 넘쳐나게 되면서 석유 수요는 폭발적으로 증가했고 록펠러의 부는 하늘 높은 줄 모르고 치솟았다.

조직을 움직이는 리더십

　록펠러는 지금의 관점에서 보면 기업금융과 M&A에 능한 재무통으로 분류될 수 있다. 그러나 그는 단지 회계와 재무에만 능한 경영자는 아니었다. 회사가 커 나갈수록 그는 세련된 경영 기법을 도입하기 위한 노력을 게을리 하지 않았다.

　스텐더드 오일은 미국 최초의 주식회사였고 미국 최초로 중역 회의 제도를 실시한 회사였다. 그는 자신의 독선을 견제하기 위해 만장일치로만 움직이는 이사회 제도를 창안해 내기도 했다.

　록펠러 하면 특유의 용인술로도 유명하다. 그는 유능한 인재를 발굴해 능력이 확인되면 전적으로 신뢰한 것으로 알려져 있다. 그는 효과적인 간부 위원회 시스템을 고안해 경영 통제를 강화했으며 상시 구조조정을 통해 회사 경영을 합리화했다.

　록펠러는 혜안과 카리스마를 지닌 리더였지만 회의 때는 자신의 의견을 앞세우기보다 다른 사람들의 의견을 경청했다. 자신이 독선에 빠져 잘못 된 결정을 내릴 수 있다는 사실을 잘 인지하고 있었던 것이다. 록펠러는 스텐더드 오일의 임원들에게 자율권을 부여해 그들로 하여금 능력과 아이디어를 최대한 발휘할 수 있는 분위기를 만들어 주었다. 구매를 담당했던 임원인 토머스 휠러는 '누구도 록펠러처럼 최고의 인재들을 모아놓고 최선을 다 하도록 만든 사람은 없었다'고 평가했다.

록펠러는 노조에는 반대했지만 노동자들에게 높은 임금을 지급하는 데는 거리낌이 없었다. 또한 직원들에게 스텐더드 오일 주식 매입을 권해 그들이 회사 성장의 열매를 공유할 수 있도록 지원했다.

하지만 1900년대 초반 미국을 뒤덮은 노동운동의 여파에서 스텐더드 오일이라고 예외일 수는 없었다.

1914년 스텐더드 오일의 계열사 콜로라도 연료 철강에서 노동쟁의가 발생했다. 위험한 작업 환경과 혹독한 작업 관리가 문제였다.

록펠러의 아들 록펠러 주니어의 중재 노력에도 불구하고 노사 대립은 점점 악화의 길을 걸었다. 1914년 10월에는 무장차량이 파업 노동자들의 텐트에 기관총을 난사해 다수의 사상자가 발생했다. 이 일로 록펠러에게는 독점과 더불어 노동자를 불법적으로 탄압한 자본가라는 비난이 따라다니게 되었다.

1890년 미 의회에서 '셔먼 반 트러스트법'이 통과되고 1911년 미국 반독점법 소송에서 스텐더드 오일 트러스트가 패소하면서 스텐더드 오일은 34개의 개별 회사로 해체된다(엑손모빌, 셰브론, 아모코, 코노코 필립스 등이 이때 분할된 업체들의 현재 이름이다).

하지만 스텐더드 오일 트러스트에서 해체된 업체들의 주식이

월스트리트에서 연일 상승하며 스텐더드 오일 계열사의 주식 가치는 해체 5개월 만에 4배로 증가했다. 해체 당시 2억 달러였던 록펠러의 재산은 트러스트 해체 이후 10억 달러를 넘어서 그를 세계 최고 부자의 자리에 올라서게 했다.

개같이 벌어 정승같이 쓴 부자인가? 하나님의 청지기인가?

독실한 기독교 신자였던 그는 세상 만물은 모두 하나님이 주인이고, 자신이 할 수 있는 것은 그 물질들을 잠시 맡아 보관하는 청지기의 역할에 불과하다고 보았다.

승승장구하던 록펠러는 50대에 억만장자가 되었다. 그러나 병마가 찾아오면서 그의 인생은 중대한 전환을 맞는다. 머리카락과 눈썹이 빠지고 몸이 말라가는 알로피셔(Alopecia)라는 병에 걸린 것이다.

병원에서는 53세의 그에게 1년 이상 살 수 없다는 시한부 인생 선고를 내렸다.

음식을 먹지도 못하고 잠을 자지도 못하는 상황에서 록펠러는 자신의 재산을 어려운 처지에 있는 이들을 돕기 위해 사용하겠다고 결심했다.

그는 돈을 버는 것뿐만 아니라 사용하는 데 있어서도 최대한 효율적으로 사용되어야 한다고 생각했다. 그리고 기부되는 돈의 사용에 대해서도 세상에서 돈 관리를 잘 하는 자신이 직접 감독해야 한다고 생각했다.

1899년부터 그는 자선사업가로 변모했다. 경영 일선에서 물러난 그는 재산이 효율적으로 기부될 수 있도록 하는데 정력을 쏟았다. 탐욕을 내려놓은 덕분인지 이때부터 그의 건강은 기적처럼 회복되었다. 결국 그는 97세까지 사는 천수를 누리며 남은 인생 43년을 사회사업에 매진한다.

"고아들 밥 먹이자고 도둑질해도 됩니까?" **드라마 씨티헌터 中**

"우리 속담에 개처럼 벌어 정승같이 써라"는 말이 있다. 흔히 기부를 많이 하면 돈을 어떠한 방법으로 벌었던 간에 착한 부자, 훌륭한 부자로 인정받을 수 있을 것이라고 생각한다. 그러나 자선가를 뜻하는 필랜트러피스트(Philanthropist)는 부를 나누어주는 사람일 뿐 부를 올바른 방식으로 취득해 롤 모델로 자리매김한 윤리적 부자의 모습과는 어울리지 않는다.

미국 최고 부자였던 록펠러의 재산은 미국 GDP의 약 1.53%로 약 10억 달러, 요즘 가치로 약 200조원에서 300조원 사이였던 것으로 추산된다(2위인 벤더빌트는 미국 GDP의 1.15%).

1921년, 10억 달러가 넘었던 재산 중 이미 절반 가량인 5억 달

**록펠러를 산업제왕으로 풍자한
Puck Magazine의 카툰, 1901년**

러를 록펠러 재단에 기부한 록펠러는 남은 재산 5억 달러 만을 아들인 록펠러 주니어에게 '내 아들이 인류의 행복을 위해 재산을 쓰기를 원한다'는 말과 함께 물려준다(평생 록펠러 재단 운영에 매진했던 록펠러 주니어 또한 아버지처럼 물려받았던 재산의 상당부분을 록펠러 재단에 기부했다).

규모 자체가 어마어마 했던 만큼 록펠러의 통 큰 기부행위는 곳곳에서 빛을 발했다.

철강왕 카네기가 전 세계에 2,800여 개의 도서관을 기증한 것처럼, 록펠러는 4천여 개의 교회를 지어 기부했으며 록펠러 의학연구소를 통해 백신을 제작해 말라리아, 발진티푸스, 결핵 등의 질병

퇴치에 공헌했다.

그는 1차 세계대전 당시 연합군 후원 자금으로 7천만 달러를 내놓았고 1930년대 경제 공황 때는 경영에 어려움을 겪던 뉴저지의 스텐더드사 주식 100만 주를 매입하는 본을 보이며 금융시장 안정화에 기여하기도 했다. 또한 시카고 대학과 록펠러 대학 등을 설립하고 막대한 돈을 기부해 기초 학문 발전에 이바지했으며, 미국에 불황이 한참 심했을 때 길에서 사람들에게 공짜로 동전을 나누어주는 이벤트를 벌이기도 했다.

하지만 역사는 부를 축적하는 과정에서 그가 행했던 각종 불법 행위, 경쟁사 압박, 독과점, 노동자 탄압 행위들을 눈감아 주지 않았다.

엄청난 기부를 했지만 그는 여전히 사회적 고통을 유발한 독점 재벌로 경제학 교과서에 등장하고 있다.

록펠러의 독점을 통한 경제적 성공이 비난 받는 이유는 두 가지로 요약된다.

첫 번째는 그가 독점을 통해 자사가 제공하던 서비스에 대해 소비자들로부터 과도한 이익을 얻어냈다는 주장이다. 그리고 두 번째는 스텐더드 오일이 가졌던 힘을 이용해 경쟁업체들을 무너뜨리는 한편, 대중들의 간접세 부담을 증가시켰다는 것이다.

그러나 록펠러에게도 할 말은 있다. 록펠러가 오일 카르텔을 형성했던 1880년대까지 인위적 독점은 그것이 무엇인지 개념이 모호했다. 따라서 독점은 불법이 아니었고, 그 영향을 경험해 본 적이 많지 않았기 때문에 윤리적 가치를 판단하는 것이 어려웠다.

당시 록펠러가 알던 최고의 선은 한눈팔지 않고 열심히 일하고, 투자하고, 기술개발해서 경쟁에서 승리하는 것이었고, 청지기로써 그 부를 사회의 좋은 일에 효율적으로 사용하는 것이었다. 그는 뛰어난 능력으로 축적한 부를 이용해 자신이 아는 한에서 사회에 진 자신의 빚을 갚으려 했다.

부를 축적하는 과정에서 탈법, 불법을 일상적으로 저지른 그를 윤리적 기업가라 부를 수는 없을 것이다. 대신 그를 자손에게 나눔을 통한 명예를 물려준 '쿨한 부자' 정도로 기억하면 어떨까?

《인텔》
독점은 먼 옛날이야기인가?

세계 최대의 칩셋 제조업체 인텔은 2009년 5월 13일 유럽 커미션으로부터 독점 판매 혐의로 10.6억 유로의 벌금을 부과 받았다.

인텔은 전 세계 마이크로프로세서(CPU) 시장의 80%를 독점하고 있는 기업이다. 컴퓨터 OS 시장을 장악하고 있는 마이크로소프트가 윈도우에 익스플로러를 끼워 파는 식으로 불공정 경쟁을 벌였던 반면, 인텔에게 부과된 혐의는 백십 년 전 록펠러에게 부과되었던 혐의와 유사하다.

유럽 커미션은 인텔이 할인과 리베이트를 통해 거래처에게 경쟁업체인 AMD와의 거래를 하지 않도록 강요했다고 보았다.

유럽 커미션에 따르면 인텔은 컴퓨터 업체들에게 마이크로프로세서를 납품하면서 자사 칩셋만을 사용할 것을 강요하고, 95퍼센트 이상의 칩셋을 인텔에서만 구매할 경우에만 리베이트가 제공될 수 있도록 해 불공정 경쟁을 유도했다고 한다.

인텔의 이러한 거래 방침은 경쟁업체인 AMD를 고사 직전까지 몰아갔다.

한 컴퓨터 제조업체가 AMD에서 칩셋을 납품받고자 하는 경우, AMD의 제한적인 생산능력으로 인해 일부 컴퓨터에 인텔 칩셋을 사용해야 하는 것은 필수였다. 그러나 컴퓨터 제조업체들은 인텔로부터 일부 물량을 들여오는 경우 할인 및 리베이트를 적용받지 못하기 때문에 더 저렴한 AMD 제품을 사용함에도 불구하고 인텔 것만 사용하는 업체보다 더 많은 비용을 지출해야 하는 아이러니를 경험해야 했다.

이러한 문제를 극복하기 위해 AMD는 마이크로프로세서들을 생산원가 이하에 판매해야 했다. AMD의 수익성은 날로 악화될 수밖에 없었다.

인텔은 이 같은 혐의에 대해 반박하며 다음 달인 2009년 6월 즉각 항소했다. 아이러니컬하게도 현재 인텔의 CEO 앤드류 글로브는 미국에서 가장 유능하고 윤리적인 경영자 중 하나로 존경 받고 있다. 록펠러가 이 모습을 보았다면 뭐라고 말했을까?[1]

---

1. Intel 독점문제. May 16th, 2009 «The Economist»(68).

3.
헨리 포드,
생산을 통한
사회 기여

모든 미국 가정이 자동차를 소유하게 하라

더 나은 세상을 꿈꾸는 사람들이 있다. 하늘을 날고 싶어 하는 사람들 달에 가고 싶어 하는 사람들. 불가능이라고 생각했던 꿈을 이루고 싶어하는 사람들이 있다. 이러한 사람들 중에는 가도 가도 벌판만 나오는 미국의 땅덩이를 보며 서민들도 언젠가는 지리적 장벽을 극복하고 살아갈 수 있을 거라는 꿈을 꾼 사내가 있었다. 그 사내가 바로 자동차 왕 헨리 포드(1863~1947)이다.

미국의 발전을 논할 때 자동차를 제외하기란 어렵다. 대중교통이 드물게 다니는 교외 거주민들에게 자동차는 흔히 발과 같다고 여겨지고 있다.

포드 자동차는 미국 3위의 자동차 메이커로 지금은 트럭을 제외한 분야에서는 시장 지배력을 상당 부분 잃어버린 회사이다. 그러나 이 오래된 기업(1903년 설립)은 미국 자동차 역사상에 특별한 위상을 지닌다. 이 회사가 유명한 이유는 단순히 자동차를 많이 팔아 왔기 때문만은 아니다.

포드 자동차와 회사의 창립자 헨리 포드가 주창한 사업 모델, 포디즘이 미국 제조업의 황금기를 주도하였으며, 이 컨셉이 아직까지도 제조업 상생의 이상적 모델로 거론되고 있기 때문이다(일본에서 경영의 신이라 불리는 마쓰시다 고노스케는 가장 존경하는 인물로 헨리 포드를 꼽았다).

미국의 산업화를 주도했던 헨리 포드는 주주와 노조에 일방적인 희생을 강요했고 공동체 이익을 종종 개인의 이익보다 앞세웠다는 점에서 전체주의적 경영자라 비난 받곤 한다. 그러나 자세히 들여다보면 그가 쉽게 폄하될 수 있는 경영자가 아님을 알 수 있다. 그는 기업의 사회적 책임을 다하기 위해 노력한 사람이었으며, 개인적인 오욕에도 불구하고 사업을 통해 소비자, 노동자, 경영자, 지역 공동체의 발전에 크게 기여한 사람이기 때문이다.

실례로 그가 큰 위험을 감수하면서도 추진한 포디즘 – 대량생산을 통한 박리다매식 제품 판매와 동종업계의 반발을 무시하고 추진했던 고임금 지급 – 은 미국 노동자의 삶뿐 아니라 글로벌 경제 발전에도 큰 도움을 주었다.

헨리 포드는 난독증을 앓았던 것으로 전해지지만 생전에 자서전을 남겼다(자서전 제목 또한 그다운 «My life and work»이다). 헨리 포드의 자서전을 통해 그가 어떤 생각을 갖고 살았는지를 살펴보자.

모든 인간은 평등하지 않다?

"모든 인간이 평등하다는 주장보다 더 말도 안 되는 황당한 소리도, 그보다 더 몹쓸 소리도 없다. 말할 것도 없이 모든 인간은 평등

헨리 포드. 1888년(25세)

하지 않다. 사람들을 평등하게 만들려고 애쓰는 민주주의적 관념은 진보를 막으려는 노력에 불과하다. …… 능력의 하향평준화를 일컫는 민주주의는 낭비일 뿐이다.”

평등에 대한 경멸에 가까운 조소, 능력의 하향평준화, 게으름을 죄악시하며 생산성과 효율을 다른 기치들보다 앞에 놓는 태도, 여기까지는 놓고 보면 헨리 포드는 그리 세련된 교양을 갖추지 못한 완고한 자본가일 뿐이다.

그러나 개인적인 동정심과 경영 윤리는 별개의 문제로 다루어져야 한다. 역사적 인물은 그가 경제활동을 통해 사회에 어떠한 영향을 미쳤는가를 기준으로 평가되어야 한다. 출세를 위해 불필요한 전쟁을 일으킨 정치가들을 개인적으로 훌륭한 품성을 지녔다 해서 윤리적으로 훌륭하다 말할 수 없듯이 말이다.

헨리 포드는 냉정하고 완고했지만 인류 발전에 기여한 바가 많은 큰 인물이었다.

자동차 세상을 꿈꾸다

1863년생인 헨리 포드는 남북정쟁이 한창이던 당시 미시간주 디어본에서 농부의 아들로 태어났다. 어려서부터 기계를 다루는데 남다른 재능을 보인 그는 15세 때 정규교육을 중단하고 기계공으로 사회생활을 시작한다.

16세 때 기술자가 되기 위해 디트로이트로 상경한 그의 재능은 일찌감치 빛을 발했다. 그는 서른 살이 되던 해인 1893년 에디슨 조명 회사의 기술실장이 되었다. 그는 증기 기관과 가스 기관의 전문가로서도 상당한 수준의 기술을 보유하고 있었다. 그 즈음 미국에 유럽에서 개발된 자동차에 대한 소식이 전해져 왔다.

기계라면 사족을 못 쓰는 그가 자동차에 관심을 갖게 되었음은 물론이다. 그는 살고 있던 집의 석탄 창고를 작업장으로 개조하고 퇴근시간을 이용해 직접 자동차를 개발하는 이른바 투잡 생활을 시작한다. 개발에 가속도가 붙게 되었을 쯤에는 아예 생업을 접고 자동차 개발에만 매달리게 된다.

훗날 자동차 왕으로 불린 그였지만 안정적 직장을 그만두고 미래가 불확실한 자동차 개발에 인생을 거는 것은 참 어려웠던 일이었다고 회고했다.

"무일푼이었던 내가 회사를 그만둔 것은 상당한 결단이었다. 생활비를 제하고 남은 돈은 한 푼도 남김없이 실험에 쏟아 부은 뒤였다. 그러나 아내는 자동차를 포기할 수는 없다는 데 나와 의견을 같이했다. 죽기 살기로 한번 해보는 수밖에 없다는 생각이었다. 자동차는 세상에 나온 지 얼마 안 되었기에 '수요'랄 것도 없었다. 말하자면 요즘의 비행기나 마찬가지였다. '말 없는 마차'는 처음에는 단순히 별난 취미 정도로 취급 받았다. 똑똑하다는 사람들은 자동차가 절대 장난감 이상이 될 수 없는 이유를 자세히도 설명했다. 돈 있는 사람들도 자동차가 상업적인 가능성이 있다고는 전혀 생각지 않았다."

근면성, 성실함, 새로운 아이디어를 구체화 하는 실행력, 기회를 포착하는 능력, 미래 사회의 모습을 예견한 통찰력, 위기에도 흔들리지 않는 의지 등은 시대를 불문하고 성공한 이들에게서 발견되는 공통점이다. 이러한 장점들을 갖추고 있던 포드가 시대라는 운과 만나게 되면서 자동차 대량 생산을 통한 성공 스토리가 이어져 나간다.

대량생산과 자동차 제국 건설

'사업은 공동체의 혜택 받은 5%가 아니라 나머지 95%에게 도움을 주는 것이 되어야 한다.'

이것이 헨리 포드의 생각이었다. 그는 많은 소비자에게 혜택을 누리게 함으로써 공동체 자체를 이롭게 할 수 있다고 보았다. 그러기 위해서는 그가 생산하는 품목, 즉 자동차의 가격이 낮아져야 했다.

자동차 박리다매를 위해서 대량 생산 설비를 갖추는 것은 그에게 성공의 필요조건이었다. 그러나 1년에 기껏 두어 대의 자동차를 주문생산 하던 당시의 자동차 업체들로서는 대량생산은 꿈도 못 꿀 일이었다. 주문생산으로 소수의 차를 생산했기 때문에 숙련된 노동력 확보가 항상 중요한 문제로 작용했다.

대량생산 방식 도입을 고민하던 어느 날 포드는 시카고 도매업자들이 쇠고기를 포장할 때 머리 위에 매달아 놓고 쓰는 수레를 떠올린다. 그는 컨베이어 벨트를 통해 차량을 이동시키면서 많은 사람들이 정해진 단순한 작업만을 반복한다면, 자연히 인력 문제 해결이 가능해지고 그만큼 자동차 값을 낮춰 판매도 증가시킬 수 있을 것이라고 생각했다.

1914년 포드 자동차는 업계 최초로 자사의 공장에 자동차 대

포드 공장 생산 라인. 1928년

량생산을 위한 무빙 라인을 도입한다.

다수의 사람이 단순 반복 작업을 통해 생산성을 향상시킬 수 있다고 생각한 포드의 계산은 정확히 들어맞는다. 1908년 그의 공장에서는 노동자 한 사람이 연간 자동차 3대를 생산했으나 1914년에는 24초당 1대가 생산되었다. 대량생산 체제를 도입함으로써 그는 자신이 애초에 세웠던 목표인 '봉급생활자가 누구나 사서, 신이 내려주신 드넓은 공간에서 가족과 함께 즐거운 시간을 보낼 수 있도록 하는' 자동차를 만들 수 있게 된다.

그의 이상은 포드사 최고 히트작으로 언급되는 모델 T를 통해 구현된다. 1908년 T형 포드는 850달러에 판매되었다. 이는 미국 1인당 소득의 두 배 반에 해당했고 당시 시중에 판매되던 자동차 가격의 절반 수준이었다(오늘날 기준으로 2만 달러 수준).

1913년까지 포드의 생산량은 매년 두 배씩 증가했다. 1916년 포드 자동차는 47만 2천대의 판매를 기록했으며 베이직 투어링 모델의 판매 가격은 360달러로 떨어졌다(물가 상승률 고려 시 오늘날 기준 7천 달러 수준).

미국 자동차 시장의 과반 이상을 점유했던 포드사는 검은색 T모델을 1927년까지 1천5백만 대 판매하는 대기록을 세운다.

이해관계자 경영의 시초?

"생산하기 위해서 생산하라. 생산을 고도의 기술로 바꿀 시스템을 만들고 사업을 확장할 수단과 훨씬 더 많은 공장 건물, 훨씬 더 많은 유용한 물건을 만들어낼 기반 위에 생산을 올려놓는 것, 그것이 진짜 사업가다운 사고다. 사업가다운 사고를 부정한다면 노동 대신 투기로 돈을 벌겠다는 속셈이나 다름없다. 사업이 일개 개인의 이익을 넘어선다는 것을 알아채지 못하는 근시안적인 사람들도 있다. 사업은 주고받기의 과정이다. 나도 살고 남도 살리는 것이다."

'생산을 통한 사회적 기여 극대화.'

포드의 경영철학을 한 줄로 요약하면 이렇다. 그에게 유용한 물건을 만들어 내는 생산 활동은 사회의 안녕, 가정의 행복과 직결되는 행위였다. 공동체의 풍요를 창출하지 않고 쉬운 방법으로 돈을 버는 것은 그에게 있어 '사업가다운' 방법이 아니었다. 그는 또 사업이 개인의 이익을 넘어서는 상생의 과정이라 믿었다.

그는 사업은 소비자를 서비스하기 위한 도구이며 돈은 그 도구를 돌리기 위한 윤활유에 불과하다고 보았다.

그에게 생산활동은 이익이나 주주 가치보다도 중요했다. 기업의 실적을 책임져야 하는 경영자였지만 적정 수준을 넘어선 과도한 이익은 바람직하지 않다고 보았다. 자신이 속한 기업보다 공동체의 이익을 더 중요하게 보았기 때문이다.

"우리는 차로 그렇게 엄청난 이익을 거둘 것이라고 생각지 않는다. 합리적인 수준이면 적당하다. 너무 많아도 안 된다. …… 이 정책은 주주에게 최대한 많은 현금을 되돌려주는 것을 경영 목표로 생각하는 일반적인 의견과는 배치된다. 그들은 서비스를 제공하는 능력을 향상시키는 데 도움을 주지 못한다. 내 야심은 더 많은 사람을 고용하고 우리가 세우려는 산업 체제의 혜택을 힘닿는 데까지 널리 퍼뜨리는 것이다. 우리는 생활과 가정을 일구는 데 보탬이 되고 싶다."

기업을 통한 상생을 강조한다는 점에서 사회적 기여를 주주이익 극대화를 위한 수단이 아닌 목적 그 자체로 본다는 점에서 포드의 기업관은 요즘 경영윤리를 이야기할 때 항상 등장하는 이해관계자 가치극대화(Shareholder Maximization)[2]와 맞닿아 있다.

자본은 생산을 위한 것

"사업을 할 때 가장 놀라운 점은 다들 돈 문제에만 관심을 쏟고 서비스에는 별로 주의를 기울이지 않는다는 것이다. 이는 돈이 일보다 먼저가 아니라 사업의 결과물이 되어야 하는 자연스러운 과정에 역행하는 것이다."

"돈을 운용해 자본가가 된 사람이라면 일견 악인으로 보일 수 있다. 그러나 그들이 자기 돈을 생산에 투입한다면 전혀 악인이 아니다. 그들이 돈을 복잡하게 돌려 생산자와 소비자 간에 장벽을 친다면, 그때는 악한 자본가일 것이다."

자본 거래가 복잡해진 지금의 상황에서 산업자본과 상업자본을 구분하는 것은 어려운 일이다. 순수하게 투기를 목적으로 투입한 자본이라 할지라도 투입한 자본이 금융시장과 가격을 형성해

---

2. 이해관계자 가치극대화 : 기업활동을 통해 주주, 소비자, 근로자, 지역사회 등과의
   상생을 도모하고자 하는 경영철학

주식, 채권 발행을 통한 기업의 자금 조달을 가능하게 하고 산업 자본이 노출된 환위험, 금리위험, 신용위험 등을 헤지(Hedge : 위험 분산)할 수 있게 해 사회에 긍정적인 역할을 할 수 있기 때문이다.

하지만 당시의 포드가 이런 것을 알았을 리는 없다. 그는 산업 자본과 상업자본의 분리가 가능하다 믿었고 생산 활동에 기여하는 산업자본은 선하고 투기에 이용되는 상업자본은 바람직하지 않다는 단순한 믿음을 가졌다.

"나는 주주라면 모름지기 기업 활동에 적극적으로 나설 뿐만 아니라, 기업을 돈 버는 기계가 아닌 서비스의 도구로 보는 사람이어야 한다고 생각한다. 큰 이익을 얻는다면 일부는 훨씬 더 나은 서비스를 제공할 수 있도록 사업에 환원하고 일부는 구매자에게 돌려주어야 한다. 1년 동안 이익이 기대치를 훨씬 뛰어넘어 각 차량 구매자에게 50달러씩을 되돌려준 적도 있었나. 우리가 미처 모르고 그만큼의 액수를 구매자들에게 더 받았다고 생각했기 때문이다."

포드는 자본가의 이익과 생산 활동의 선순환이 대립될 경우 자본가의 이익보다는 생산 활동의 선순환이 우선시 되어야 한다고 보았다.

이러한 견해는 주주를 회사의 주인으로 보고 경영자는 주주에게 고용된 고용인으로써 주인을 위해 회사의 이익을 극대화시켜야 한다는 내용의 '주주자본주의 극대화'와는 다소 배치되는 내용이다.

포드는 생전 단기적인 이익에 집착하는 주주들이 자신의 경영 방침에 참견하는 것을 용납하지 못했다. 1918년 그는 아들 에드셀과 함께 포드사와는 별개로 독립법인을 세워 최고 수준의 기술자를 빼가는 액션을 취함으로써 투자가들을 위협했다. 그리고 겁먹은 투자가들로부터 포드사 잔여 지분 전체를 매입했다. 자신의 철학대로 회사를 운영하기 위한 조치였다. 요즘의 미국처럼 주주권익이 강하게 옹호되고 있는 사회라면 꿈도 못 꿀 일이지만 포드의 신념은 확고했다.

"기업의 이익에 반해서라도 초기 투자자금을 청구할 수 있다는 주장은 어떤 이론으로든 도저히 이해할 수가 없다. 소위 자본가입네 하는 이들은 그 돈이 6부, 5부, 혹은 몇 부의 '가치'라는 둥, 어떤 사업에 10만 달러를 투자했다면 투자한 금액에 대해 이자 지급을 청구할 권리가 있다는 둥 떠들어댄다. 사업에 그 돈을 투자하는 대신 은행이나 유가증권에 넣어두었더라면 고정수익을 얻을 수 있었다는 것이 그 이유다. 그러므로 사업 운영 비용 대비 적정 금액은 이 돈에 대한 이자라고 주장한다. 이런 생각이 많은 사업과 대부분의 서비스를 실패로 이끄는 근본적인 원인이 된다. 돈이 특정 금액만큼의 가치를 지니고 있는 것은 아니다. 돈 자체로는 아무 일도 할 수 없으므로 그 자체로는 아무런 가치도 없다. 돈을 이용하려면 작업에 쓸 도구나 도구로 만든 제품을 사야 한다. 그러므로 돈은 물건을 만들거나 사는 데 보탬이 되는 한에서만 가치가 있다.”

포디즘의 완성

오늘날 포드는 그가 만든 자동차들보다는 그가 제안했던 경영 모델 ‘포디즘(Fordism)’으로 더 기억되고 있다. 포디즘이란 대량생산을 통해 싼 값에 물건을 공급하는 한편, 노동자에게 높은 수준의 급여를 지급해 생산성을 극대화하는 경영 방식을 말한다.

“노동자나 구매자로부터 이윤을 뽑아내는 것은 좋은 경영이 아니다. 이윤을 창출하도록 경영해야 한다. 제품을 싸구려로 만들거나 임금을 깎아서는 안 된다. 소비자에게 바가지를 씌워서도 안 된다. 방법을 생각해내고 생각해내고 또 생각해내야 한다. 이전의 그 어느 때보다도 더 훌륭하게 물건을 만들어야 한다. 이렇게 해야만 사업의 모든 당사자(이해관계자)들을 만족시키고 혜택을 줄 수 있다.”

“끊임없이 좋은 일자리를 더 많이 만들어내지 못하는 자본은 먼지만큼도 가치가 없다. 노동 조건을 개선하고 노동에 대한 정당한 보수를 지급하지 않는 자본은 최상의 기능을 다하지 못하고 있는 것이다. 자본을 가장 잘 활용하는 길은, 더 많은 돈을 벌어들이는 것이

왼쪽부터 자동차 왕 헨리 포드(Henry Ford), 발명왕 토머스 에디슨(Thomas Edison), Fire Stone의 창업주인 하베이 파이어스톤(Harvey Firestone).
1929년 이들은 당시 백만장자 클럽을 결성해 사업에 대한 아이디어를 공유하고 휴가를 함께 보내기도 했다.

아니라 더 나은 삶을 위해 더 많은 서비스를 제공하도록 돈을 활용하는 것이다."

과거 사람들의 행적을 평가하기 위해서는 그들이 살았던 시대 상황을 이해해야 한다. 법, 제도, 자본시장, 사회보장 등이 미비하던 산업화 시기에는 소비자와의 약속을 이행하고, 불공정 경쟁을 하지 않으며, 주주, 채권단과의 약속을 지키고, 임직원에게 기본적인 노동환경을 공급하는 것 자체가 쉽지 않은 일이었다.

이런 측면에서 포드는 당시 시대의 평균을 훌쩍 뛰어넘는 경영자였다. 포드사는 대량생산을 통해 1910년부터 매년 T형 포드의 가격을 내렸다. 그럼에도 불구하고 1914년 적격 근로자 최소 일당을 두 배인 시간당 5달러(오늘날 기준 110 달러)로 올리는 파격적 조치를 취했다. 과감한 임금인상안에 회사 내외에서 수익성 저하를 우려했으나 임금 인상 이후 고질적 문제이던 근로자들의 이직이 감소하면서 교육비 절감과 생산성 향상으로 회사의 수익성은 오히려 향상되었다.

1922년 포드사는 주 6일 8시간 근무인 총 48시간 근무제를 체택했다. 이어 1926년에는 주 5일 8시간 근무인 총 40시간 근무제로 전환했다. 업계 리더였던 포드사의 파격적 행보를 경쟁업체들 또한 따라올 수밖에 없었다. 이는 미국 제조업체들 사이에 대량생산을 통한 박리다매, 노동자 복지 강화로 정의되는 포디즘이 정착되는 계기가 되었다.

"기업주는 지도자로서 동종 업계의 어느 회사보다도 더 많은 임금을 주겠다는 야심을 품어야 한다. 노동자의 야심은 그렇게 될 수 있도록 만들겠다는 것이어야 한다."

그는 기업에게는 노동자에게 일한 만큼의 보상을 지급할 뿐 아니라 노동자가 안정적으로 생산 활동에 전념할 수 있도록 환경을 제공할 책임까지도 있다고 보았다. 한 노동자가 벌어들이는 임금에는 가족에 대한 보상 또한 포함되어야 한다고 주장했다.

"노동자 한 사람에게만 국한된 문제라면 생계비나 수익을 얼마나 받아야 할까는 간단한 문제일 것이다. 그러나 그는 한 개인이 아니다. 그는 국가의 부에 기여하는 한 사람의 시민이자 가장이다. 양육해야 할 아이들이 있는 아버지일 수도 있다. 이 모든 사실을 고려해야 한다. 하루의 노동에 대한 가정의 기여를 어떻게 추산해야 할까?"

"다시 말해서 자신과 가족을 부양하고, 의식주를 해결하고, 교육을 시키고, 평균적인 생활 수준을 유지하는 데 필요한 비용을 다 치르고 남는 것을 저축할 수 있을 정도가 되어야 하는 것이다. 하루의 노동이 이 모든 것을 다 감당할 수 있을까? 내 생각으로는 그래야 한다. 그렇지 않다면 어린 아이들과 어머니들까지 일하러 나가야만 하는 끔찍한 사태가 벌어질 것이다."

"임금을 깎을지 배당금을 폐지할지 둘 중 하나를 선택하라고 질문을 받는다면 나는 언제고 배당금을 폐지하겠다. 앞서 지적했듯이 임금을 깎는다고 비용이 절감되지 않기 때문이다. 임금을 깎으면 구매력이 떨어지고, 임금 삭감은 좋은 조치라 할 수 없다. 지도자의 책임 중에는 자기가 이끄는 사람들에게 생계비를 벌 기회를 주어야 한다는 것도 포함된다."

2000년대 경제학자 폴 크루그만은 대공황에서 미국을 건진 것은 후버 댐 건설이 아니라 루즈벨트의 민주당 정권이 주도한 임금 상승에 의한 부의 재분배 강화와 이를 통한 중산층의 성장에 있었다고 말한 바 있다.

포드는 노동자의 삶의 질을 향상시킴으로써 자동차 시장의 잠재적 고객을 늘려나가는 한편, 국가 경제 발전에도 기여했다.

전쟁으로 돈 버는 것은 수치스럽다

100년 전 경영자의 입에서 '전쟁으로 돈 버는 것은 수치스러운 일이다'라는 말을 듣는다면 아마도 얼굴이 벌게질 경영자들이 많을 것이다. 청교도 정신의 영향일지 모르지만, 놀랍게도 카네기, 포드와 같은 미국 산업화 시기의 자본가들은 전쟁을 통한 축재를 부끄럽게 생각했다.

1차 세계대전과 2차 세계대전 당시 여느 자동차 회사처럼 포드자동차는 정부 지시로 항공사업에 참여한다(자동차 공장들을 군수공장으로 활용한 것은 미국 정부가 전쟁을 승리로 이끄는데 큰 기여를 했다. 프랭클린 루즈벨트 대통령은 자동차 공장들이 밀집된 미시간 주 디트로이트를 '민주주의의 무기고(Arsenal of Democracy)'라고 불렀다).

포드사는 B-24와 같은 폭격기를 특유의 대량생산 시스템을 이용해 대량으로 폭격기를 제작해 미국의 승리에 기여했다. 하지만 헨리 포드는 즐거워하지 않았다. 그는 전쟁 자체에도 반대했을 뿐 아니라 전쟁을 이용해 돈 버는 것 또한 달가워하지 않았다. 돈에 대해 이처럼 좋은 돈과 나쁜 돈을 따졌음에도 불구하고 포브스가 2008년 추산한 한창 때 포드의 순자산은 2008년 기준으로 1,880억 달러, 약 200조원에 달했다. Wikipedia

"세계대전이 시작되자 기뻐하고 끝났을 때 유감스러워한 사람들이 어느 나라에나 있었다. 미국의 벼락부자들 중에는 남북전쟁을 기회로 잡은 사람들이 많다. 세계대전을 거치면서 신흥 부자 수천 명이 쏟아졌다. 그러한 종류의 돈을 좋아하는 이들에게 전쟁이 짭짤한 사업이라는 점은 아무도 부인할 수 없는 사실이다. 전쟁은 피의 향연이면서 돈 잔치이기도 하다."

"한 국가를 정말로 위대하게 만드는 것이 무엇인가에 대해 한 번쯤이라도 생각해본다면 그렇게 쉽게 전쟁으로 끌려들지는 않을 것이다. 한 나라를 위대하게 만드는 것은 무역량이 아니다. 독재자를 낳듯이 몇몇 재산가를 만들어낸다고 위대한 나라가 되는 것도 아니다. 농업인구를 공업인구로 바꾸기만 해서 되는 것도 아니다. 자원과 국민의 기술을 현명하게 개발함으로써 부를 널리, 공정하게 분배해야 위대한 나라가 되는 것이다."

자동차 왕이 남긴 숙제들 : 노동문제와 기계화

대량생산 시스템이 도입된 이후 회사의 효율성은 높아졌지만 포드는 늘어나는 노동쟁의에 봉착한다. 그가 말한 대로 '생산'을 통한 사회적 기여가 완성되기 위해서는 노동자는 행복해져야만 했다. 그러나 대량생산 시기 기계화로 인한 인간소외 문제는 포드에게도 심각한 문제로 다가왔다.

노동운동가들과 정치가들은 근로자를 단순 반복 작업에 투입하는 그의 생산방식이 인간소외를 불러온다고 주장했다. 포드는 이 같은 주장에 대해 자신의 생산 방식이 노동자의 행복을 저하하는 것이 아니라고 반박했다. 그리고 단순작업에 종사하는 사람들이 불행하다는 이들의 주장은 사실과 다르다고 말했다. 머리를 쓰는 일을 모두가 좋아하는 것은 아니며 사람들은 적절한 경제적 보상이 주어질 경우 단순작입을 하는 것을 마다하지 않는다고 설명했다.

"나는 반복 노동이 어떤 식으로든 사람에게 해를 끼친다는 점을 발견할 수가 없었다. 말하기 좋아하는 이들은 반복 노동이 육체뿐 아니라 정신까지도 파괴한다고 말한다. 하지만 우리가 조사한 바로는 그렇지 않았다. …… 강철봉은 아주 가벼워서 손을 가볍게 앞뒤로 몇 번 흔들기만 하면 된다. 그러나 이 일을 하는 사람은 꼬박 8년간 이 일만 해왔다. 돈을 꾸준히 모아서 이제 4만 달러나 저축했다. 더 나은 일로 옮기라고 아무리 말해도 들은 척도 안 한다!"

　"보통 노동자들은 육체적인 힘을 많이 쓰지 않아도 되는 일을 원하지만 유감스럽게도 그보다도 생각할 필요가 없는 일을 더 선호한다. …… 따지고 보면 반복적이지 않은 일이 별로 없다. 사업가는 한 치도 어긋나지 않게 판에 박힌 일과를 따른다. …… 사실 대부분의 사람들에게는 매일 되풀이되는 일과를 정해주고 움직임을 단순 반복적으로 만들 필요가 있다. 그렇지 않으면 자기 손으로 벌어먹고 살기 힘들 것이다."

분업화에 대해서는 누구나 수긍할 수 있지만 종업원들의 일과를 정해주고 움직임을 단순 반복적으로 만들어 주어야 한다는 주장은 너무 나간 감이 있다. 이러한 지나친 통제는 개인의 자유를 억압하고 공동체의 이익만을 강조하는 전체주의로 발전할 위험을 내포하고 있었기 때문이다(실제 헨리 포드는 임직원 인센티브를 임직원의 가족 구성원, 생활 태도 등을 근거로 차등지급을 한 적이 있다. 이를 위해 임직원들의 사생활을 조사한 적도 있었지만 결국 사생활 침해를 우려한 회사 내 외의 반발로 물러선 일이 있다).

　노동자들의 삶에 풍요를 가져다주는데 크게 기여했음에도 불구하고, 생전 포드사와 노동계의 관계는 좋지 못했다. 완고한 성격의 그는 노동조합에 반대했으며 노사 협상마다 완강한 자세로 임했다. 1941년 4월 미국 자동차 노동조합 유나티이티드 오토 워커스(UAE, United Auto Workers)가 리버 러지(River Rouge) 공장에서 파업을 벌였을 당시에는 협상 대신 회사를 분할하는 방법까지 고려했을 정도였다. 그러나 이런 포드도 시대 변화를 거부할 수는 없었다. 1941년 그는 마침내 회사 내 노조 설립을 승인한다.

포드는 노동조합의 정당한 요구사항은 회사가 수용해야 한다고 본 반면, 노동조합의 요구가 생산성을 저해해서는 안 된다고 보았다. 죽는 순간까지 그는 고임금을 시급하는 자신의 회사에서 노동쟁의가 일어나는 것을 이해할 수 없었다.

자동차 왕이 남긴 숙제들 : 투기자본 혐오와 반유태주의

그의 투기자본 혐오는 종종 반유태주의와 연관지어진다. 실제 그는 유태인에게 비우호적 인사로 알려졌으며 이는 그의 반노동조합 성향과 맞물려 전체주의자라는 비난으로 돌아왔다.

1922년 포드는 자신과 신념이 일치한다는 이유로 잔챙이 정당에 불과했던 국가 사회주의 독일노동당에 소정의 정치자금을 기부했다. 그리고 16년 후 그에 대한 공로로 잔챙이 정당에서 집권당이 된 나치당의 당수 히틀러로부터 독일 최고 훈장인 십자훈장을 받게 된다(히틀러는 포드의 전체주의적 사상에 감명받아 포드의 초상화를 책상 가까이에 두고 보았다고 한다. 히틀러의 지시로 만들어진 폭스바겐은 T모델의 성공을 독일에서 재현하기 위한 시도였다).

선택의 여지는 없겠지만 가능하면 존경도 가려 받아야 할 모양이다. 이후 그에게는 비인간적인 노동시스템을 구축했다는 비난과 더불어 나치 협력자란 비난이 끊임없이 따라다녔다.

헨리 포드를 마치며

헨리 포드는 돈의 역할에 대해 동시대 사람들의 생각을 리드하던 선각자였지만 당시 그가 가졌던 생각 중 많은 부분이 시대에 맞지 않거나 틀린 것으로 입증되었다(세계 최대 부자로 알려진 마이크로소프트의 창업자 빌 게이츠는 헨리 포드를 일러, 시대를 이끈 천재도 판단력이 흐트러질 수 있다고 이야기하곤 한다).

말년에 판단력이 다소 흐려진 그는 경영자로서 많은 실패를 겪었다. 다양화되고 있는 소비자의 기호를 무시하고 검은색 T모델 생산에만 집착하다가 생전 업계 1위 자리를 GM에 내주는 상황을 경험했고, 1940년대 이후에는 독선에 빠진 경영으로 회사를 부도 위기에 몰아넣기도 했다. 그리고 결국 가족에 의해 치욕적인 강제 은퇴를 당하게 된다.

사후에도 그의 수모는 계속되었다. 후일 연기금의 주식 투자가 늘면서 강화된 주주 자본주의가 포드사 내에서 그가 내세웠던 경영방침을 흔들어 놓았기 때문이다. 1980년대 포드의 CEO를 역임한 자크 나세르는 엄격한 평가와 과감한 해고를 기초로 하는 PMP 인사제도를 도입했다. 이는 이해관계자들을 중시하는 포드 자동차의 창립이념을 완전히 뒤집은 것이었다.

그러나 포드의 실수들과 인간적 결점에도 불구하고 그가 꿈꾸었던 제조업을 통한 사회 기여는 사회 시스템과 많은 사람들에게 영향을 주었다. 제조업은 지금도 사회 기여를 극대화하는 사업 형태로 기업가들에게 여전히 선망의 대상으로 남아 있으며, 아직도 불철주야로 많은 이들이 포드가 말했던 이상을 실현하기 위해 노력하고 있다(경제지 포춘지는 20세기 최고 기업인으로 헨리 포드를 선정한 바 있다).

1928년 10만 명이 일하던 1,600만 평방피트의 리버 러지(River Rouge) 공장에 6천 명만 남아 일하고 있는 현재의 모습(«The Economist», July 30th 2011)을 포드가 본다면 뭐라고 말을 할까?

금융위기 당시 포드사가 '고용'을 볼모로 그 자신이 나약한 자들이나 받는 것이라고 질타하던 '구제금융'을 받고, 경영자들이 자신들의 책임을 납세자들에게 떠넘긴 사실을 알게 된다면?

소비자들의 욕구가 무역개방으로 이어졌고 이로 인해 미국 내 제조업이 몰락의 길을 걸은 사실을 알게 된다면?

원하던 방향으로 '생산을 통한 진보'가 이루어지지 못한 데 대해 마음 아파하겠지만 그가 희망을 잃었으리라 보진 않는다. 그에게 '진정한 서비스 정신'으로 극복 못할 것은 없었으며 그의 말마따나 '중단하지 않는 한 실패란 없는 것'이기 때문이다.

윤리적인 부자 되기!
배부른 이들의 사치인가?

돈을 버는데 있어 수단과 방법을 가려야 한다고 얘기하면 많은 사람들은 그러한 주장은 경제적 어려움 없는 선진국들이 얘기하는 사치라고 반박한다. 과연 우리가 돈이 없어 도적을 뒤로 제쳐 놓아야 하는 것일까.

대표적 선진국인 미국과 우리나라의 차이를 비교해 보자. 혹자는 2010년 기준 2만 9천 달러(OECD 발표) 수준인 우리의 1인당 GDP가 미국의 1인당 GDP 4만 7천 달러보다 현저히 낮아 도덕 운운할 여유가 없다고 잘라 말한다.

우선 우리에게는 파이를 키우는 것이 급선무라는 것이다.

일단 양 국가 국민들 간의 경제력 차이를 자세히 살펴보자. 통계청이 발표한 《2010 한국의 사회지표》에 따르면 우리나라의 가구당 월평균 소득은 월 363만원으로 연간 4천356만 원 수준이다. 유에스 센서스 뷰로(US Census Bureau)의 스테이츠 앤 컨트리 퀵 펙트시트 (State & Country QuickFacts)에 따르면 2009년 미국 가구 소득의 중간 값은 연간 5만 221 달러, 원화기준으로 약 5천500만 원 수준이다 (양국 간의 투자, 정부지출 등에 차이가 있기 때문에 인당 GDP 차이만큼 가구 소득의 차이가 발생하지 않는다).

4천만원대의 소득과 5천만원대의 소득 차이에 의실의 전환을 결정하는 어떤 문턱이 있을 가능성을 완전히 부정하는 것은 아니지만, 약 천만원의 소득차가 의식 차이를 그렇게 크게 좌우할 수 있을까에 대해 의구심이 든다.

선진국에 부자가 많기 때문에 여유가 있다는 주장에 대해서도 살펴보자.

2011년 메릴린치가 발표한 부에 대한 보고서(Wealth Report)는 부자를 집과 자동차를 제외하고 100만 달러 이상의 순자산을 보유한 사람들로 정의하고 있다. 이런 부자들은 세계 60억 인구 중 0.182%에 불과한 1천90만 명에 불과한데 지역별로는 340만 명이 북미에, 330만 명이 아시아에, 310만 명이 유럽에 거주하고 있다.

인구 대비해서는 북미의 부자 비율이 북미 인구의 약 1% 수준으로 0.2% 미만인 우리나라와 세계 평균보다 다소 많은 것은 사실이다 (과대 포장되어 있는 중국의 백만장자 수는 53만 4천500명이다). 그러나 서방 선진국들과 우리나라의 부자 비율에서도 의식의 변화를 유도할 만큼의 큰 차이는 발견되지 않는다.

결국 차이는 자신의 생존을 우려하는 정도에 있어 보인다. 보릿고개라 불리는 극심한 가난을 경험한 기억, 경제적 성공을 위해 정치, 경제적 자유를 희생했던 기억이 남아있고 아직도 사회 안전망이 충분치 못한 우리 환경에서 생존은 무엇보다도 큰 걱정거리다. 먹고 사는 문제를 더 크게 걱정해야 하는 사회, 문화적 상황에서 살고 있기 때문에 윤리적 가치 실현은 아직도 후순위에 해당한다.

그러나 선진국 사람들이 윤리적인 고려를 보다 많이 하는 것이 결코 그들의 생존이 우리보다 용이해서가 아니라는데 주목할 필요가 있다. 이러한 점은 기업들의 사회책임 경영에서 두드러지게 확인된다. 기업 간 인수 합병과 구조조정이 일상화된 기업 사회에서 기업의 영속은 자신할 수 있는 문제가 아니다. 상장업체들을 비교할 경우 주주권익 보호를 위해 많은 배당을 지급해야 하는 서구의 기업들이 우리의 기업들보다 오히려 존속에 더 어려운 측면이 있다. 그러나 서구의 많은 기업들이 사회의 일원으로써 우리나라 기업들보다 더 적극적인 사회 공헌 활동을 해오고 있다.

돈을 번 후에 내가 먹고 살만해진 다음에 사회를 둘러보겠다고 한다면 사회적 공헌이 가능해지는 시기는 영원히 오지 않을 수 있다는 것을 잘 알고 있기 때문이다. 결국 개인이건 기업이건 사회적 공헌이 가능해 지는 것은 경제력의 차이가 아니라 논을 어떠한 관점에서 이해하고 있느냐에 대한 의식과 의지의 문제로 귀결된다고 할 수 있다.

가난이 힘든 건 불편함보다도 가난으로 인해 겪어야 하는 정신적 고통이다. 돈이 없는 것은 불편함에 불과하지만, 돈이 없다는 이유로 윤리적 행동을 언제 올지 모를 훗날로 미루는 것은 참으로 슬픈 일이다.

Part 2.
현대의 기업 윤리

"부의 지각변화,
개인에서 조직으로"

21세기의 부는 집단적 의사결정과 조직체계를 바탕으로 한 기업들에 의해 좌우되고 있다. 부는 많은 이해관계자들의 활발한 참여 속에서 창출되며 또 견제받고 있다.

'법인'이라는 개념은 기업에게 법적 인격을 부여하는 것이다. 인격을 부여한다는 것은 단순히 계약의 주체가 된다는 것만을 의미하는 것은 아니다. 가상의 독립된 인격으로써 권리와 의무를 지니기 때문이다.

현대에서 부와 윤리에 대한 논점은 개인의 행적에서 자연스레 기업들의 행적에서 발현되는 윤리성을 따지는 쪽으로 넘어갔다. 앞으로는 윤리적 선택을 내렸던 기업들에 조섬을 맞춰 부와 윤리를 조화시키려 했던 행위들을 짚어 보려 한다.

기업윤리의 진화

기업 윤리를 바라보는 관점은 크게 두 가지로 나뉜다.

불법 저지르지 않고 사업해 이익을 많이 내는 것만으로 충분하다는 입장과 시장은 불완전하기 때문에 기업을 둘러싼 이해관계자들의 고통을 최소화하고 그들의 복리를 극대화하려는 윤리적 리더십의 발현이 필요하다는 입장이 그것이다. 앞으로 소개될 사람들과 기업들은 시대를 초월해 '이해관계자 경영(Stake holder theory)'이라 불리는 후자의 입장을 대변해온 사람들이다.

자본주의의 원조에 해당하는 애덤 스미스(Adam Smith)는 모든 경제주체들이 자신들의 이익을 극대화하기 위해 최선을 다 하면 '보이지 않는 손'이 작용해 모두의 부를 키울 수 있다고 보았다. 20세기 말 경제학을 풍미했던 경제학자 밀턴 프리드만(Milton Friedman) 역시 기업의 사회적 의무는 '법을 어기지 않는 한도 내에서 이익을 극대화 하는 것'이라고 이야기했다. 이렇듯 시장을 믿고 옹호하는 이들의 주장은 '주주자본주의'가 주창되는 이론적 근거를 제공해 왔다.

그러나 시장의 실패가 교과서에 등장하고 금융위기로 내로라하던 글로벌 금융사들이 경영난에 허덕이는 지금은 기업윤리를 이야기 할 때 기업은 고객, 종업원, 정부, 거래처, 지역사회 등 사업을

둘러싼 모든 이해관계자들을 위해 노력해야 한다는 이해관계자 가
치극대화가 힘을 얻는 것으로 보인다.

　이 책은 이해관계자 가치극대화를 옹호하는 기업들과 기업들
을 주로 소개하고 있지만, 사실 어느 쪽이 옳다 그르다 판단하는 것
은 어려운 문제이다. 비효율성과 관료주의, 도덕적 해이, 창의성을
억누르는 정부의 과도한 개입이 문제가 되는 시기에는 주주가치
극대화 또한 상당한 설득력을 얻기 때문이다.

　밀턴 프리드만과 같은 학자들이 지적하는 대로 기업과 사회의
장기적 이익이 항상 일치하는 것은 아니다.

　특정 이해관계자를 위한 기업의 활동은 때때로 다른 이해관계
자들에게 희생을 요구하기 때문이다. 지나치게 이익을 많이 내려
하는 기업들에 대한 비판에도 불구하고 기업의 경영자들이 주주를
위해 최선을 다해야 한다는 선관주의(fiduciary duty)는 법률상으로
규정된 의무(*de jure obligation*)로서 기업의 사회적 책임이라는 사실
상의 의무(*de facto obligation*)보다 결코 가볍게 볼 수 있는 성질의 것
이 아니다.

　밀턴 프리드만은 주주, 채권자들에 대한 의무를 도외시한 채
기업의 자원을 사회를 위해서 사용하는 기부행위는 도덕적이지 못
한 행위라고 비판한 바 있다. 주주에게 의무를 다하는 행위 자체가
가장 기초적인 도덕적 행위이기 때문이다. 따라서 경제적 의무를
성실히 수행하는 와중에 자원의 부족으로 적극적으로 사회 책임

활동을 하지 못한 자본가와 기업들을 악덕 자본으로 강하게 매도하는 행위는 상식적이지 못할 수 있다.

대신 주주와 채권자 뿐 아니라 소비자, 종업원, 지역사회 모두에게 두루 혜택을 전달한 사람들과 기업들에 대한 칭찬에는 인색하지는 말아야 한다고 본다. 본받을 만한 인물들과 기업들의 모습을 보고 배워간다면 우리 또한 점차 나아질 수 있다고 보기 때문이다.

이 책의 의도는 그러한 '칭찬하기'에 있다.

기업윤리, 법만 지키면 된다?

예나 지금이나 법을 지킨 것만으로 윤리 경영을 하고 있다고 믿는 이들이 있다. 그러나 천만의 말씀이다. 우선 도덕은 변하지 않는 가치인 반면, 법과 제도는 시대 상황에 따라 달라진다. 그리고 세상에는 법으로 용인되는 비도덕적 행위들이 명백히 존재한다.

법만 지키면 된다고 한다면 독과점법 부재 상황에서 경쟁자들을 압박해 석유 유통을 독점한 록펠러는 '독점'이라는 창의적 방법으로 성공한 창의적 경영자로 존경받아야 한다. 그리고 노예 노동력의 이용은 저비용으로 이익을 많이 올릴 수 있게 하는 효율적 인력 관리 방법으로 인정받아야 한다. 하지만 현대 사회에서 이러한 주장들은 난센스로 받아들여질 뿐이다.

산업화 이후 시장의 실패를 보완하는 많은 법적 장치가 만들어졌다. 최저임금제 시행, 영 유아 노동착취 금지, 환경규제 강화 등은 이제 지키면 미덕인 '도덕'이 아니라 지켜야만 하는 '법'으로 우리 삶에 영향을 미치고 있다. 하지만 법으로 모든 도덕적 문제를 해결하려고 하는 것은 바람직하지 못하다.

법으로 도덕적 행위를 강제하는 것은 득보다 실이 클 수도 있기 때문이다. 실제로 해외 아웃소싱을 통한 생산이 지역사회의 몰락을 가져온다는 이유로 금지된다면 주주와 채권단들이 사유재산이 심각하게 침해될 수 있다.

법으로 사회책임활동을 강제하기보다는 민간주도로이해관계자들에 대한 자연스러운 배려를 통해 상생을 유도하는 것이 요새 일반적으로 통용되는 기업의 사회책임활동 추세이다.

'기업의 사회적 책임' 우선순위

기업의 사회적 책임을 고민할 때 무엇을 우선순위로 해야 할지 정하는 것은 항상 어려운 문제이다. 경영학의 대가(guru)라 불리는 피터 드러커는 이에 대해 오랜 기간 고민한 끝에 다음의 여섯 가지 원칙을 제시한 바 있다.^{Druker on Leadership}

1. 정부는 사회문제를 해결할 능력이 없다.

2. 기업 본연의 임무가 최우선시 되어야 한다.

3. 의도하지 않은 부정적 결과에 대해, 그런 문제가 발생할 때마다 신중하게 생각해야 한다.

4. 사회적 책임 윤리는 '첫째, 남에게 해를 끼치지 말라'는 계명의 실천을 필요로 한다.

5. 사회적 책임이 경쟁 우위 기회로 활용될 경우 상당한 이익을 기대할 수 있다.

6. 리더십은 사회적 책임의 실천에 있어서 결정적으로 중요한 덕목이다.

《존슨 앤 존슨》
고객우선·현대 윤리 경영

타이레놀 케이스

사람이고 회사고 세상에 완벽한 것은 없다.

살다 보면 선택할 수 없는 요인들에 의해 원하는 결과를 얻지 못하는 경우가 많다. 그러나 의도치 않은 결과를 얻었을 때 어떻게 대응하느냐 하는 것은 전적으로 사람의 의지에 달려 있다.

1982년 존슨 앤 존슨은 타이레놀 독극물 투여 사건으로 인해 총 순이익의 약 20%에 달하는 1억 달러의 세전(稅前)손실을 시현했다. 일반의약품 진통제 시장 35.4%를 자랑하던 타이레놀의 시장점유율은 18.3%로 급감했다. 그러나 존슨 앤 존슨 경영진들의 진실한 사과와 발 빠른 대응은 사건 발생 1년 이내에 타이레놀의 시장점유율을 다시 28.6%로 회복시킨다. 무엇이 이토록 극적인 턴어라운드를 유도했단 말인가?

1982년 9월 29일 시카고 교외 엘크 그로브 빌리지에서 12살 된 메리 켈러맨(Mary Kellerman)이란 이름의 소녀가 타이레놀을 복용하고는 목숨을 잃었다. 그리고 그 직후 알링턴 하이츠에 사는 애덤

제너스(Adam Janus)라는 소년이 응급실에 실려 온 직후 사망했다. 그리고 애덤의 형 스텐리와 그의 형수 테레사가 장례를 치르던 도중 사망했다.

애덤이 복용했던 타이레놀 병에 든 타이레놀 캡슐을 복용한 것이 원인이었다. 이어 3명의 사망자가 더 발생한 후에야 수사기관은 타이레놀 병에 들어있던 독극물이 사망이 원인이 되었다는 것을 발견했다. 타이레놀에 대한 경고 메시지가 언론과 경찰차 스피커들을 통해 시카고 지역에 울려 퍼졌다.

독극물이 함유된 타이레놀 병들은 모두 다른 공장들에서 만들어졌지만 사망사건은 모두 시카고 인근 지역에서 벌어졌다. 따라서 생산 과정에서의 독극물 투여 가능성은 배제되었다. 누군가 슈퍼마켓과 의약품 판매점에 수 주간 침투해 타이레놀 포장을 제거한 뒤 캡슐에 다른 곳에서 제조된 청산가리(Cyanide, 시안화물)를 섞었을 것이라는 쪽으로 잠정 결론이 내려졌다. 죽음을 불러왔던 다섯 병의 타이레놀 이외에도 독극물을 함유한 타이레놀 세 병이 발견되었다.

1976년부터 1989년까지 존슨 앤 존슨을 이끌던 제임스 버크 회장은 일생일대의 위기에 봉착한다. 하지만 그는 책임을 모면하려 하거나 남에게 전가하려 하지 않았다. 소매점 관리 단계에서 누군가 캡슐에 독극물을 넣었다는 사실이 나중에 밝혀진 다음에도 "일곱 명이라는 사람들이 목숨을 잃었다는 엄숙한 사실에 직면하여 분명히 그 책임의 일부가 우리 몫이라는 생각에는 변함 없습니다.”라고 말했다.

이어진 인터뷰에서 그는 “사고에 대해 제조업체로서 그러한 일을 자신들이 방지 못한 책임이 있다고 생각한다.”고 말했다. 그가 생각한 문제는 포장이었다. 당시의 타이레놀 용기의 포장은 포장을 뜯어 독극물을 넣고 새것처럼 다시 포장하는 것이 쉬웠기 때문이다. 그는 자신들에게 더 엄격한 포장을 했어야 하는 책임이 있었다고 시인했다.

사건이 발생한 지 약 일주일 후인 10월 5일 타이레놀의 제조사 존슨 앤 존슨(Johnson & Jonhson)은 전 미국에 걸쳐 타이레놀에 대한 리콜을 실시한다. 시가 1억 달러(1,100억 원 규모)에 유통되고 있는 3천 백만 병이 리콜되었다. 이는 미국 기업사에서 당시까지 최대 규모의 리콜에 해당했다. 리콜 결정이 내려질 당시 존슨 앤 존슨 내부에서는 반대의 목소리가 만만치 않았다. 당시에 대해 비그 회장은 이렇게 회고했다.

“매우 큰 비용이 걸린 사안이었기 때문에 전량 회수 결정에 반대하는 목소리도 적지 않았습니다. 회사 내에서도 이제 타이레놀 브랜드는 끝났다고 믿는 사람들이 대다수였을 뿐 아니라 여론이나 외부 시각도 크게 다르지 않았습니다. 하지만 내 생각은 달랐습니다. 내게는 존슨 앤 존슨에 대한 뿌리 깊은 믿음이 있었고, 나아가 우리가 솔직하고 정직하게 대처하면 소비자와 여론도 올바른 사리 분별을 하리라 믿었습니다.”

버크 회장은 언론에 사망 소식이 계속 보도되는 난처한 기간 동안 대중매체들과 적극적인 소통을 해나갔다. 사태발생 직후 그는 주요 방송사 보도 책임자들에게 직접 연락해 언제든 그들에게 정보의 창구를 열어놓겠다고 확신을 주었다. 뿐만 아니라 그는 FBI(미국 연방수사국), FDA(미국 식품의약국) 기관장들과 만나 사태 수습을 협의했다.

이들 정부 기관장들의 반대를 무릅쓰고 버크 회장은 시카고뿐 아니라 미국 전역에서 타이레놀 회수 및 리콜을 즉각 실시한다고 발표했다. 그리고 이미 타이레놀을 구매한 고객들에게는 신제품 교환권 지급을 약속했다.

존슨 앤 존슨은 전국 언론매체를 통해 모든 타이레놀 광고를 중단했다. 대신 수사팀과 함께 제조 라인과 유통채널을 면밀히 조사하는 일에 착수하는 한편, 독극물 사건이 발생했던 아세트아미노펜(Acetaminophen) 성분이 함유된 자사 제품을 소비하지 말아 달라는 광고를 내보내기 시작했다. 그리고 캡슐에 담겨 판매되었던 모든 타이레놀 제품들을 고체 태블릿(분말이 응고된 형태)으로 무상 교환해 준다는 광고를 중앙일간지에 10일간 게재했다.

사태 발생 2주일 만에 존슨 앤 존슨은 3중 안전 포장 디자인으

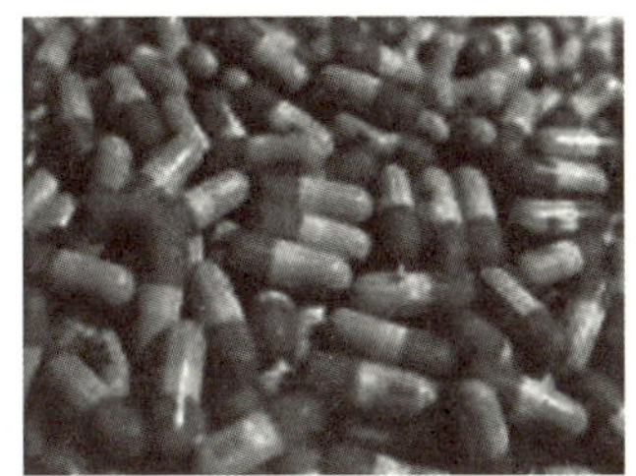 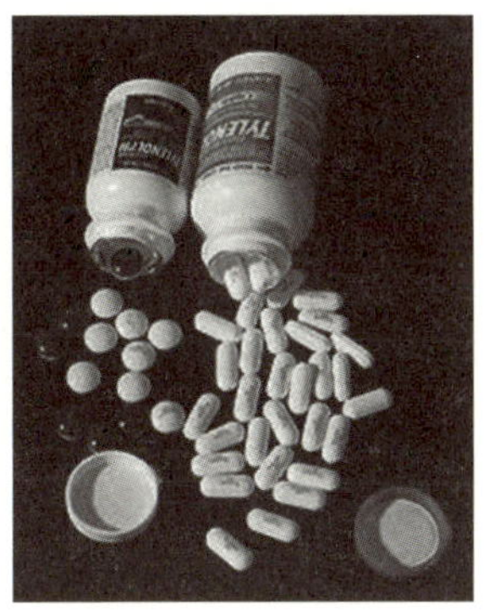

좌 : 기존의 캡슐 형태의 타이레놀 | 우 : 태블릿 형태, 겔 캡 형태의 타이레놀

로 신제품 타이레놀을 출시했다. 그리고 캡슐 형태로만 나오던 타이레놀에 태블릿 형태 제품을 추가했다.

사태 수습이 끝난 이후에도 존슨 앤 존슨의 노력은 지속되어 1988년에는 캡슐 모양이지만 분해하거나 긁어낼 수 없는 겔 캡 형태 제품을 출시했다.

결국 존슨 앤 존슨의 정성에 감동한 소비자들은 타이레놀을 버리지 않았으며 타이레놀은 소비자들의 신뢰를 회복하는데 성공하게 된다.

윤리경영을 가능케 한 비결 :

사훈 '우리의 신조'와 원칙 경영

위기 상황에서 존슨 앤 존슨이 일어서는데 기여했던 버크 회장은 위기 상황에서 단호한 결정을 내릴 수 있었던 데는 1887년 창사 때부터 존슨 앤 존슨의 핵심 가치로 전해 내려온 신조의 힘이 적지 않았다고 설명한다.

1943년 창립자의 손자인 로버트 존슨이 명문화한 '우리의 신조(Our Credo)'는 존슨 앤 존슨 본관 건물의 석판에 새겨져 있다. 이 신조에는 회사의 첫 번째 책임은 소비자에 대해, 두 번째 의무는 임직원에 대해, 그 다음에는 지역 사회와 주주에 대해 책임이 있다고 명시되어 있다.

존슨 앤 존슨의 이러한 '신조'는 경영의 우선순위를 명확하게 구분했다. 즉 어떤 상황에도 주요 이해관계자들을 위한 의사결정이 이루어질 수 있도록 한 것이다. 이 신조가 윤리 경영을 가능케 하고, 이 신조를 통해 발휘된 경영진의 리더십 비결인 셈이다.

그러나 버크 회장은 이러한 신조대로 행동하는 것이 쉽지만은 않았다고 말했다.

"모두들 단순한 문제인 것처럼 얘기했지만, 사실 임직원 모두가 신조를 받아들이는 것은 결코 단순하지 않았습니다. 일곱 명이 죽었을 때 이 신조가 분명한 가이드 역할을 했습니다. 존슨 앤 존슨 주주들과 임직원들을 상대로 1억 달러라는 큰돈을 써야 하는지 설득하는 데 신조의 도움이 절대적으로 필요했습니다."

기업 신조를 중시 여기는 버크 회장의 자세는 사건 이후로도 회사를 이끄는 귀감이 되었다. 존슨 앤 존슨의 한 임원은 버크 회장과의 대화를 이렇게 회고한다.

"아무리 복잡하고 이해관계가 얽힌 상황이라 해도 버크 회장은 신조를 가리키며 그 안에 답이 있다고 말했습니다. 고객과 시장의 입장을 최우선시하는 단순한 원칙을 통해 복잡하고 어려워 보이는 상황에서 의사 결정을 내렸지요. 버크 회장의 메시지는 단순하지만 강렬했습니다."

위기대처에서 볼 수 있듯이 버크 회장은 회사 내부 의사소통에 많은 관심을 기울였고 세심한 관리를 통해 아래로부터의 의견이 상부에 반영되도록 했다.

"시장과 소비자에 가까울수록 과감한 리스크를 택하는 가운데 올바른 의사결정을 내릴 수 있습니다. 그러자면 회사의 조직 문화 역시 과감한 권한 이양을 통해 권력이 관리 부서에 몰리는 현상을 피해야 했습니다. 다른 기업에서도 그랬지만 대세는 아래로부터 위로 정보와 커뮤니케이션이 자유로운 문화입니다. 위에서부터 아래로 흐르는 상명하복이 지배적인 기업 문화는 자실 행위나 다름없습니다. 특히 소비재 사업은 더욱 그렇습니다. 소비자를 대하는 접점에서 일하는 현장을 중시하고 일선에서 의사 결정을 내리게 해야 합니다.”

최근 성분 문제로 논란에 휩싸였던 모 음식료 업체를 보면서 타이레놀 독극물 사건을 떠올렸다. 자신들의 책임이 없다 하더라도 경제적 부담을 무릅쓰고 보강된 결과물을 가지고 나온 존슨 앤 존슨을 소비자들은 외면하지 않았다. 소비자들의 불만이 무엇인지에 대해 좀 더 진지한 자세로 경청하는가 그리고 고객들의 불만에 성실히 답변하는가는 죽은 사람을 살릴 수는 없지만, 죽은 신뢰는 되살릴 수 있다.

존슨 앤 존슨은 ‘우리의 신조’에 맞춰 정책결정을 하는 프로그램을 개발해 꾸준히 교육하고 있다. 수년 전 존슨 앤 존슨은 세계적으로 20여 개 공장을 정리한 적이 있다. 이때 어떤 식으로 의사결정이 이루어졌는가에 대해 회사 관계자는 다음과 같이 설명한다.

“우선 생산시스템을 개선함으로써 소비자에게 더 낮은 가격에 더 좋은 제품을 제공할 수 있을지 판단했습니다. 다음으로는 직장을 잃게 될 직원들에게 충분한 전업의 기회나 보상을 줄 수 있는지 살폈죠. 다음으로는 지역사회 주민들과 만나 우리의 입장을 충분히 설명하고 동의를 구했습니다. 결과적으로는 경영을 개선해 주주들의 이익을 도모할 수 있었죠.”

고객 불만 대응 실패 사례
인텔의 펜티엄 칩 오류

존슨 앤 존슨의 타이레놀 케이스와 정반대로 유명 기업들이 부실을 축소하려 했다가 낭패를 본 경우가 종종 발견된다. 대표적 케이스가 인텔의 펜티엄 칩 오류이다.

1994년 버지니아 린치버그 대학의 수학교수 토머스 나이슬리는 인텔의 펜티엄 칩에 분열 오류가 있다는 사실을 밝혀냈다. 인텔은 소수점 수십 자리 아래에서 계산 오류가 있음을 인정했다. 하지만 CEO 앤드류 글로브를 비롯해 엔지니어로서의 자부심에 가득 차 있던 인텔의 경영진은 '펜티엄 칩의 계산 오류는 소수의 전문 프로그램을 돌릴 경우에만 아주 드물게 발견될 수 있는 경미한 것'이라며 '계산 오류로 피해를 입은 고객에게만 보상을 제공하겠다.'는 식의 대응을 보였다.

이같은 반응에 고객들은 분노했고 엄청난 이 메일과 전화가 인텔로 쏟아졌다. 심지어는 하루에 환불 요구 전화가 2만 5천 통 넘게 걸려온 적도 있었다. 인텔은 처음 펜티엄 칩의 반품 요구를 거부했지만 언론의 공세와 주가 폭락이 이어지자 결국 백기를 들 수밖에 없었다. 인텔은 펜티엄 칩의 반품 정책을 수정했고 이 사건을 통해 약 4억7천500만 달러의 손해를 보았다. [1]

---

1. «B2B 브랜드 마케팅», 필립 코틀러

«3M»
종업원은 동반자

경영진이 직원을 믿는 현대적 윤리 경영

최근 들어 사회적 기업, 기업의 사회적 공헌이란 말이 화두로 떠올랐다. 요즘 롤 모델로 칭송받고 있는 사회적 행위들은 개인적인 기부가 주로 이루어지던 근대화 시기와는 달리 비전화되고, 체계화된 형태로 구상되고 추진된다.

비전화 그리고 제도화를 통해 사회 공헌을 위한 아이디어들이 구체화되고 교육과 시스템을 통해 실행되는 것이다.

이전의 이해관계자 경영은 헨리 포드와 같은 가부장적 경영자의 단독적 리더십에 의해 이루어졌다. 하지만 지금은 경영자들이 비전, 제도, 시스템 등을 갖추고 임직원들 스스로가 자발적으로 참여를 하도록 유도하고 있다. 미국에서 윤리 기준에 있어 가장 구체적인 매뉴얼을 갖춘 회사로 거론되는 회사 3M의 경우, 선물에 대한 항목만 봐도 그 구체성에 혀를 내두르게 된다.

"사업과 관련해 상대방에게 연간 50달러 이상의 금품이나 향응은 제공할 수 없다. 여기에 커피와 도넛은 제외된다.”

3M에는 30명 이상의 변호사들이 활동하며 대외 문제에 대응하는 한편 내부 윤리를 강화하고 있다. 사건이 터지고 난 뒤 법률적으로 대응하는 것보다 사전적으로 예방하는 것이 효율적이라는 판단이 작용한 것이다.

그러나 3M을 조직원들을 통제해 생산성을 올리려는 회사로 보면 오산이다. 3M은 직원들의 창의력을 제품개발에 활용하는 것으로도 잘 알려져 있다. 대표상품인 포스드잇은 한 연구원이 접착력이 약해 실패한 접착제에서 발명한 것으로 전해진다.

3M에서는 창의력을 살리기 위해 15% 룰이 적용된다.

직원들이 근무시간의 15%를 관심분야에 할애해도 좋다는 규정이다. 그리고 노력 끝에 나온 실패에는 책임을 묻지 않는다는 원칙을 고수하고 있다. 경영진이 직원늘을 믿어야 한다는 또 하나의 윤리규정인 셈이다. 이러한 문화는 주목할 만한 경영 성과로 이어진다.

3M에서 매년 총 매출의 30%는 이전 4년간 개발된 제품에서 나오고, 그 중 10%는 지난 1년간 새로 내놓은 제품에서 나오고 있다.

《리츠 칼튼 호텔》
종업원의 자긍심을 높여라

"우리는 신사와 숙녀들을 모시는 신사 숙녀들입니다"

1890년대 설립되어 100년이 넘는 역사를 자랑하는 호텔체인 리츠 칼튼의 고객 서비스는 동종업계에서도 최고 수준으로 정평이 나 있다.

한 국가의 리츠 칼튼 호텔에 투숙했던 한 고객이 다른 나라에 소재한 리츠 칼튼 호텔에 머물게 되었을 때 깜짝 놀랐다는 이야기를 들은 적이 있다.

예전에 투숙할 때 추가로 수건을 주문해 사용한 적이 있었는데 처음 방문한 리츠 칼튼에서 수건을 많이 사용하는 자신을 위해 수건을 여분으로 구비해 놓은 것이다.

리츠 칼튼은 고객별로 차별화된 서비스(Personalized Service)를 제공하는 회사로 유명하다. 이를 가능케 하는 것은 '고객인지 프로그램(Customer recognition program)이라 불리는 고객 정보관리 시스템 덕분이다.

여러 곳에 소재한 체인들끼리 고객 정보관리 시스템을 공유하

리츠 칼튼 호텔

고 있기 때문에 한 곳에서 취합된 고객 정보는 다른 체인들과도 공유된다. 이를 통해 고객들이 어느 곳을 방문하던 편안하게 자신에게 맞추어진 서비스를 받을 수 있다.

각 체인점에는 고객 코디네이터가 근무하고 있다. 이들은 호텔에 머무르는 고객의 개인적 취향에 대해 조사하고 고객별로 차별화된 서비스를 제공하기 위해 자료를 수집, 정리한다. 그리고 정리한 고객 정보 자료들을 서비스를 제공하는 지배인, 객실 관리자, 음식료부 관계자들에게 제공한다.

캔디나 초콜릿을 좋아하는 고객이라면 캔디와 초콜릿을 미리 객실에 가져다 놓도록 하고, 예전 다른 리츠 칼튼 체인에 투숙한 고객이 특정 신문이나 잡지를 찾았다면 별도의 요청이 없더라도 그 신문, 잡지를 아침에 배달해 주는 식이다. 피부 알레르기가 있는 고객의 욕실에 무자극성 베이비 샴푸를 가져다 놓는 것은 기본이다.

아무리 제도와 시스템이 훌륭해도 이를 실행하는 사람들의 고객 만족에 대한 의지와 정성이 없으면 무용지물이다.

많은 회사들이 어떻게 종업원들의 서비스 정신을 끌어올릴 수 있을까에 대해 고민해 왔다. 리츠 칼튼은 상명하복식의 서비스 품질 개선보다는 조직원들의 자긍심과 직업 만족도를 높이는 식으로 이 문제를 해결했다.

“우리는 신사와 숙녀들을 모시는 신사 숙녀들입니다.”

“We are ladies and gentlemen serving ladies and gentlemen.”

이것이 리츠 칼튼의 모토이다.

자긍심이 높을수록 윤리적인 사람이 되려 하는 성향이 있다고 경영윤리학자 프랭크 부카로(Frank Bucaro)교수는 설명한다. 도어맨을 신사라 부르고, 객실 정리요원들을 숙녀라 부르는 데는 그들의 직업윤리의식을 높이려는 의도가 있다. 리츠 칼튼 임직원들은 높은 자긍심을 바탕으로 최선의 서비스를 제공했고 호텔 업계의 벤치마크 대상이 되었다.

리츠 칼튼은 고객 서비스를 최고 수준으로 높인다는 철학을 황금표준(The Gold Standards)라는 핵심가치로 요약했다. 이 표준은 사훈, 신조, 3단계 서비스, 20가지 기본지침으로 구성되어 있는데 직원들은 모두 이 표준이 인쇄된 작은 카드를 지니고 다닌다. 또한 리츠 칼튼의 기본 지침 중에는 '고객의 불만은 접수한 자의 것'이라는 문구가 있다. 고객 불만을 접수한 직원들이 자신의 영역이 아니더라도 직접 책임지고 조치해야 한다는 것이다.

종업원에게 권한 위임

리츠 칼튼에서는 비용 집행에도 대폭적인 권한 위임이 이루어져 있다. 대표적인 것이 모든 종업원은 어느 한 사람의 고객을 만족시키기 위해 매니저의 승인을 받지 않고도 2천 달러(230만 원)까지 비용을 지출할 수 있다는 규정이다. 이러한 비용 집행 권한은 다양한 형태로 고객에게 돌아간다. 만일 고객의 생일을 직원 중 누군가가 알고 있다면 별도의 보고 조치 없이 적시에 샴페인과 케이크가 방으로 배달되는 식이다.

고객의 드레스에 묻은 얼룩을 지우기 위해 직접 푸에르토리코에서 뉴욕을 두 번이나 왕복한 세탁실 매니저의 이야기, 휠체어를 탄 고객이 호텔 계단 때문에 해변을 나가지 못한 걸 알자 해변으로 내려갈 수 있는 임시 경사로를 만들고 저녁식사까지 할 수 있도록 텐트까지 설치해 준 웨이터의 이야기(매니저는 통로가 만들어 질 때까지 무슨 일이 일어나고 있는지도 몰랐다) 등 리츠 칼튼에는 고객에게 감동을 주기 위해 이루어졌던 여러 이야기들이 전해져 내려온다.

리츠 칼튼의 임직원 수가 2011년 기준으로 3만 8천명이나 됨을 감안하면 모든 임직원에 2천 달러씩의 권한을 위임한 것은 자칫 잘못하면 회사의 운명을 바꿀 수도 있는 조치이다. 그러나 회사는 직원들을 믿었고 직원들은 높은 품질의 서비스로 이에 응답했다. 신뢰를 바탕으로 한 이 같은 행보는 리츠 칼튼이 높은 품질의 서비스를 제공케 함은 물론 이직률을 업계 최저 수준으로 낮춰 매년 천만 달러 이상의 비용 절감을 거두게 했다.

리츠 칼튼은 1992년에 이어 1999년에도 최고의 품질을 제공하는 업체에게 주어지는 말콤 볼드리지 내셔널 퀄러티 어워드(Malcolm Baldrige National Quality Award)를 수상함으로써 지금까지 이 상을 두 번 받은 유일한 회사로 기록되고 있다.

자본주의의 새로운 흐름,
성숙한 자본주의의 자아실현

미국의 심리학자 에이브러햄 메슬로는 자아실현(Self Actualization)을 정신적 성숙의 정점으로 보았다.

연구에 따르면 젊은이들은 물질에 대해 강한 욕구를 보인다고 한다. 그들은 물질을 통해 정체성을 표현하고, 자기의 성과나 잠재력 또한 물질을 통해 보여주려 하는 성향을 보인다고 한다.

반면, 중·장년은 정신적 성숙을 지향하는 다른 모습을 보인다. 어느 정도의 물질적 욕구가 충족된 중년층은 물질을 더 가지려 하는 경제적 이해관계를 초월해 의미를 찾고, 나아가 타인들을 도와주려 하는 성향을 보인다.

지속가능성(Sustainability)이 기업사회의 주요한 화두가 된 데에는 사람들의 자아실현을 추구하는 욕구가 밑바탕이 되었다고 전문가들은 설명한다. 그리고 이러한 욕구가 강해지면서 기업들에게 사회적 책임을 요구하는 사회적 요구 또한 점점 더 강해지고 있다고 이야기한다.

미국의 세계적인 경영컨설팅사인 맥킨지가 내는 경영저널 '맥킨지 쿼털리'가 조사한 바에 따르면 5명의 경영진 중 4명이 '기업의 역할이란 단순히 주주에 대한 의무를 이행하는 것 이상이라고 믿는다.'고

응답했다. 또한, 6명 중 1명 만이 '기업의 사회적 책임은 게임의 룰을 따르며 이익을 많이 내는 것'이라는 밀턴 프리드만의 견해에 동의한다고 밝혔다.

한 때 중성자탄이라 불리며 주주가치 극대화의 화신으로 일컬어졌던 GE의 전 CEO 잭 웰치 조차 '이 시대는 지역사회가 쇠퇴하고 붕괴하는 상황에 냉담한 기업이 번영할 수 있도록 허락하지 않을 것이다.' 라고 말하며 기업이 사회와 상생해야 한다고 이야기했을 정도이니 자본주의에서 '의미'를 찾는 것은 이제 거스를 수 없는 흐름이 되었다 할 수 있을 것이다.

《사우스웨스트 항공(Southwest Airline)》 허브 켈러허, 종업원 FUN 경영

일하고 노는 것을 같이 하라

흔히 착하게 살면 손해 본다는 말을 하곤 한다. 주주가치 제고라는 단일 목표를 향해 독하게 매진한 GE 같은 회사를 보노라면 이해관계자 경영을 추구하는 다른 기업들의 의사결정이 우유부단해 보이는 것이 사실이다.

고정비를 줄여야 할 때 책상에 앉아 명단에 줄을 좍 긋는 것으로 인력 구조조정을 끝내는 회사와 직원과 지역사회 등에 동의를 구하고 취업교육을 실시하기 위해 부산을 떨어야 하는 회사가 어떻게 같은 효율성으로 움직일 수 있겠는가?

비용 절감은 비상시 유용한 처방이긴 하지만 감원이 수반될 경우 이해관계자들의 많은 고통을 수반한다. 주주가치 극대화를 대변했던 잭 웰치는 자신이 재능을 최대한 발휘하지 못하는 이들을 해고하는 것은 그들에게 최고의 재능을 발휘할 새로운 기회를 주는 것이라고 정리해고를 옹호한 바 있지만, 이해관계자들과 기업의 지속가능성을 중시한 경영자들은 임직원을 실업 상태로 내모는 정리해고는 바람직하지 않다고 보았다.

대량 해고는 많은 사회적 고통을 수반하며, 지나칠 경우 기업이 존속할 수 있는 경제적 토양을 약화시킬 수 있다고 보았기 때문이다. 대신 그들은 임직원의 생산성을 높여 고통을 최소화하면서도 성공적인 경영성과를 만들어 낼 수 있다고 보았다.

생산성을 좌우하는 것은 단순히 좋은 기계, 좋은 공장 설비만을 의미하는 것은 아니다. 팀워크, 임직원의 로열티 등이 기업 경쟁력을 좌우하는 중요 요소로 작용한다. 흔히 거론되는 펀 경영은 임직원의 사기 진작을 통해 생산성 향상을 이끌어 내는 것으로 알려져 있다.

그러나 재미있는 기업문화라는 것을 이해하기는 쉽지 않은 일이다. 기업은 사회에 서비스를 제공하기 위한 것이며 돈은 윤활유에 불과하다고 이해관계자 경영이란 컨셉도 없던 시절, 기업의 생산활동은 '사회에 기여하기 위한 것'이라 이야기했던 헨리 포드조차 자서전(My life and work)에서 다음과 같이 말한 바 있다.

"개인이나 부서 간에 우호관계를 쌓자고 회의를 할 필요는 없다. 같이 일을 하려면 서로를 사랑해야 한다는 법도 없다. 동료애가 지나치면 오히려 더 안 좋을 수도 있다. 다른 사람의 잘못을 덮어주게 될 소지가 있기 때문이다. 그런 행동은 서로에게 다 해롭다. 일을 할 때는 일만 해야 한다. 놀 때는 노는 데 정신을 쏟아야 한다. 둘을

섞으려 해서는 안 된다. 유일한 목표는 할 일을 다 끝내고 그에 대한 보수를 받는 것이다. 일을 끝내고 나서 놀아야지 놀고 나서 일하는 것이 아니다."

그런데 미국에 일하고 노는 것을 같이 하면서도 잘 나가는 항공사가 있다.

사우스웨스트 항공이다. 미 항공 산업은 요금 자율화가 이루어진 이후 가격 경쟁 심화로 휘청거리고 있다. 유나이티드 에어라인(United Airline), 유에스 에어웨이(US Airway), 델타(Delta), 노스웨스트(Northwest) 등과 같은 대형업체들도 파산보호를 신청한 상태로 운영되고 있다. 이 와중에서도 사우스웨스트는 적자를 내지 않는 회사, 해고를 하지 않는 항공사로 유명하다.

저가로 항공 대중화

"난 비행기 한 번 안 타 봤어."

요즘은 점차 듣기 힘든 말이 되어가지만 "비행기 타 봤어?"라는 말이 경제 수준을 나타내는 말이었던 적이 있다. 저가항공이 보편화되기 전에는 사실 항공 요금 자체가 만만치 않은 부담이었다.

미국이라고 이런 사정이 크게 다를 바 없었다. 사우스웨스트는 마치 수십 년 전 헨리 포드가 모든 미국 가정이 자동차를 보유하는 세상을 꿈꾸었던 것처럼 서민들도 저렴하게 항공을 이용할 수 있는 세상을 만드는 것을 목표로 했다. 사우스웨스트의 창업자들은 창업 당시 서민들도 자동차처럼 쉽게 이용할 수 있는 가장 저렴한 항공 서비스를 제공할 것이라는 원칙을 세웠다.

사우스웨스트는 대형항공사들로 북적거리는 허브 공항을 중심으로 항로를 운영하지 않고 공항 이용료가 저렴한 중소규모 공항을 중심으로 최단 거리 직항 편 위주로 노선을 정했다. 그리고 여행사를 통하지 않고 소비자에게 직접 표를 팔아 가격의 거품을 제거했다. 사우스웨스트는 비싼 표 몇 장을 파는 대신 저렴한 표를 많이 판매하는 전략을 택했다. 가격 인상이 필요한 시기에도 가격인상을 지양하고 더 많은 항공편을 운항하거나 좌석을 추가하는 방식으로 저렴한 항공권 가격을 유지해 왔다.

저가 항공사로서 가격 경쟁력을 유지하기 위해 기내식을 없애고 과자만을 제공하는 한편 좌석번호와 좌석에 부착된 전자기기를 제거했다. 반면 같은 가격의 비행기 티켓으로 비행티켓을 교환할 경우 티켓 교환에 붙는 페널티를 없애 고객 편의성은 강화했다.

사우스웨스트는 저가항공 서비스 제공을 위해서 수하물 (Checked-in luggage)에 대해 추가 비용을 부과하지 않는다. 단기적 이익에 대한 집착이 장기적인 기업가치에 도움이 되지 않는다고 본 것이다.

사우스웨스트의 부사장 밥 조단(Bob Jordan)은 짐을 부치는 데 비용을 부과하면 연간 3억 달러의 추가적 이익을 올리는 것이 가능한 것을 알지만 이것으로 인해 소비자들을 불쾌하게 만들고 싶지 않아 비용을 부과하지 않기로 결정했다고 설명했다(《The Economist》 June 4th 2001).

이쯤 되면 이 회사가 소비자들의 니즈에 민감한 회사라는 것은 쉽게 알 수 있을 것이다. 그러나 사우스웨스트의 강점은 이것이 다가 아니다.

Fun, Fun, Fun 사우스웨스트

저가항공사들이 흔히 저지르는 실수는 승객들을 사람이 아닌 짐처럼 취급한다는 것이다. 이는 의자가 불편해서가 아니라 승무원들의 불친절함 때문이다. 저가 항공사로서 사우스웨스트는 승객들에게 지정좌석을 배정하지는 않지만 친절한 미소는 잊지 않고 배정하는 업체로 유명하다.

사우스웨스트의 항공 서비스를 처음 이용하는 승객들은 노래를 부르거나 고객들에게 농담을 던지는 승무원들을 보고 놀라곤 한다. 그러나 회사 측에서 종업원들에게 따로 노래를 가르치거나 부르도록 시킨 것은 아니다.

다만 회사는 종업원들에게 일하는 동안에도 기계 부속품처럼 자신을 일에 맞추지 말고 자신의 성격을 유지해 달라고 당부했을 뿐이다. 그리고 자연스럽게 그들이 개성을 발휘할 수 있도록 기업 문화와 환경을 조성해 준 것이다. 사우스웨스트 내에서 종업원이 업무 중 노래를 부르거나 승객들과 농담하는 것이 편하게 느껴지고 일에 도움이 된다고 이야기한다면 일하며 노래를 하고 춤을 춰도 뭐라 할 사람은 아무도 없다.

비행기를 타면 이륙하기 전 비상시 탈출 요령을 설명해야 한다. 하지만 스튜어디스들의 설명에 집중하는 고객은 많지 않다. 이에 사우스웨스트 스튜어디스 한 사람이 아이디어를 냈다. 비상시 탈출 요령을 팝송에 붙여 노래로 부른 것이다.

이를 알게 된 직원들은 너도 나도 기발한 아이디어로 동참했다. 어떤 이는 하모니카로, 어떤 이들은 또 마술로 기발한 아이디어를 담아 지루할 수 있는 비행을 즐거운 경험으로 만들고 있다(Youtube.com에 들어가 Southwest로 검색해 보면 랩으로 탑승 안내를 하는 남성 스튜어드의 모습과 노래를 불러주는 중년 스튜어디스의 동영상을 볼 수 있다).

딱딱하고 경직된 분위기를 지양하기 때문에 파일럿들은 비행 안내 방송을 할 때 농담을 섞어 고객을 즐겁게 하기도 하고, '금연' 대신 "흡연을 원하시는 분은 비행기 날개 위에 있는 라운지를 이용하시기 바랍니다. 그곳에서는 '바람과 함께 사라지다'가 상영되고 있습니다"와 같은 안내문을 비행기 안에 붙여놓기도 한다.

심지어는 사우스웨스트 전임 CEO 켈러허 회장이 직접 나서 다른 회사 임원과 팔씨름 대결 이벤트를 벌이기도 했다(이때 사우스웨스트 항공 직원들 1,800여 명이 나와 치어리더 복장을 하고 응원을 벌였다).

1990년대 타 항공사들이 비상시 대응요령을 희화화하여 정보를 제대로 선날하지 못한다고 사우스웨스트를 미 항공국(PAA)에 신고했다. 그러나 감사를 나왔던 미 항공국 직원은 되레 기발한 아이디어라고 감탄하고 돌아간 이야기는 아직도 전설처럼 회자된다.

이러한 회사 문화는 사우스웨스트가 구직자들이 가장 들어가고 싶어 하는 회사 중 하나로 인식되도록 했다. 해마다 수많은 지원자들이 사우스웨스트로 몰리고 있으며 회사는 이 중에 회사가 지향하는 인재만을 골라 선발, 배치하고 있다.

팀워크, 짠돌이 경영으로 항공시장 누비다

저가항공사에게 있어 비용 절감은 생존과 직결된 문제이다. 이를 위해 사우스웨스트는 효율성 제고에 사활을 건다. 사우스웨스트는 규모의 경제(단위당 고정비용 부담을 낮추기 위해 생산물량을 극대화 하는 방식)를 극대화하기 위해 수리비, 부품 재고, 유지비, 교육비 절감 등을 목적으로 전 기종을 보잉 737로 통일하여 운항하고 있다.

연료인 제트기유 가격이 갑자기 급등할 것에 대비해 연료관련 파생상품 거래를 통해 유가 변동 리스크에 대해 헤징(방어의 의미로 현물거래와 반대 방향으로 미리 정해진 가격에 특정 물품 거래 계약을 체결하여 인도 시점에서 가격 변동이 발생하더라도 관련 손익변동을 최소화할 수 있다)을 많이 하고 있다. 그리고 사우스웨스트의 파일럿은 연료 효율을 높이기 위해 최대한 가벼운 상태로 비행하며 비행시에는 높은 고도를 유지하고 착륙하기 전 충분히 속도를 줄인 후 활주로에 진입하도록 교육받는다.

항공사에게 있어 막대한 돈을 지불하고 들여온 비행기가 세워져 있는 시간은 낭비에 해당한다. 사우스웨스트는 비행기가 착륙하고 이륙하는 시간을 획기적으로 줄이는 대신 증편을 통해 비용 절감 효과를 만들어 낸다. 비행기가 착륙하면 파일럿, 승무원, 지상 근무자 가릴 것 없이 모두 뛰어들어 기내 청소를 순식간에 해치우고 10분 안에 승객들을 또 태우고 이륙한다.

이를 가능케 한 것은 사우스웨스트 특유의 강한 팀워크다. 켈러허 전 회장은 팀플레이를 미식축구에 비유한다.

"미식축구의 예를 들면, 상대편 전진을 막아야 하는 수비수에게 '나는 내가 맡은 거만 잘할 테니까, 너는 네가 맡은 범위에서 벗어나지 말고 거기만 잘 지켜'라고 말하지 않습니다. 팀플레이는 그런 게 아닙니다. 팀 스포츠를 할 때 이기려면, 그리고 성공하려면 팀플레이에 능해야 한다는 점을 배우게 됩니다."

임직원들의 팀플레이를 고양시키는데 주인의식 만한 것이 없다. 사우스웨스트의 임금 수준은 업계 평균대비 다소 낮은 편으로 알려져 있지만 종업원들에게 주어지는 스톡옵션을 포함하면 업종 최고 수준이다.

스톡옵션이 종업원들에게 동기 부여를 하기 위해서는 주가 상승이 동반되어야 한다. 사우스웨스트는 성공적인 주가 관리를 통해 임직원에게 적정 수준의 경제적 보상을 해오고 있다.

1990년부터 1994년까지 산업 전체가 130억 달러의 손실을 기록했던 불경기에 사우스웨스트는 적자를 보진 않았지만 주가 하락을 경험한다. 불확실성이 확대된 상황에서 일부는 우리사주를 매도했다. 그러나 대다수에 해당하는 84%의 종업원들이 4년 이상 주식을 보유했고 수년 후 큰 이익을 얻었다. 회사에 대한 믿음과 존립에 대한 자신감이 없었다면 불가능했을 일이다.

여기에는 경영진의 적극적 지원도 한몫했다. 사우스웨스트가 스톡옵션을 지급한 뒤 사내에 스톡옵션 교육 팀이 꾸려졌다. 이 교육 팀은 전사를 순회하며 스톡옵션이 무엇이고 어떻게 적용되는 것이며 장기 투자용이란 것을 항시 조직원들에게 주지시켜 임직원들이 섣부른 판단으로 기회손실을 입는 것을 막았다.

상생 상생 상생, 미국 회사 맞아?

많은 기업가들에게 있어 기업의 생존은 종업원 일부의 고용보장보다 중요한 문제이다. 경영자에게 단기적 경영성과에 대한 책임을 묻는 미국에서 기업들은 구조조정을 해야 하느냐를 고민하기보다는 어떻게 구조조정을 해서 업체의 경쟁력을 강화하는 것인가를 더 고민한다. 그러나 정리해고는 큰 사회적 비용을 수반할 뿐더러 임직원과 그 가족들에게 큰 고통을 안긴다.

미국 항공산업은 대규모 설비투자에 항공사간 중복 투자가 많은 산업이다. 경기에 민감하기 때문에 통폐합과 구조조정이 일상적으로 일어나곤 한다. 그러나 항공업계의 위기였던 9.11 때도, 유가가 급등했던 2000년대 중 후반에도 사우스웨스트는 단 한 명도 구조조정하지 않고 40년간 흑자 경영을 이어왔다.

사우스웨스트 사옥의 한쪽 벽면은 임직원의 가족사진들로 가득 차 있다. 직장을 '돈 벌기 위해 다니는 곳'이 아닌 또 다른 '가족'으로 느끼게 하기 위해서다. 말로만 가족과 같은 분위기를 외치는 것이 아니다. 임직원들은 경기가 어려울 경우 가족처럼 함께 고통을 분담하고 극복해 낸다.

사우스웨스트는 업계에서 통상적으로 쓰이는 해고 대신 임금 동결, 임원 임금 삭감 등의 방식을 통해 고용을 유지하며 임금을 줄이는 방식으로 위기를 견뎌왔다. 사우스웨스트의 임원들의 연봉 인상률은 일반 직원들과 같거나 낮게 잡힌다. 그리고 회사가 어려울 때는 고용 유지를 위해 모두 함께 연봉 삭감을 받아들인다. 어려운 상황에서도 인력 감축을 하지 않기 때문에 경기가 좋아져도 갑자기 인력을 늘리진 않는다. 주주가치 제고를 위한 정리 해고가 일반화된 미국에서 이러한 전략은 파격에 해당한다. 이런 기업 문화 때문에 타 항공사와 비교했을 때 원만한 노사관계 유지가 가능하고 고객 서비스가 강화된 것이다.

허브 켈러허의 사우스웨스트 방식

사우스웨스트만의 방법을 강조하는 문화는 흔히 종교에 비견되곤 한다. 여기에는 전 CEO이자 공동창업자, 현 명예 회장인 허버트 켈러허(Herbert Kelleher, 회장 재임 1978~2008, 사장 재임 1981~2001)의 독특한 성격이 반영되어 있다.

여기 엘비스 프레슬리 복장을 하고 안내 마이크를 붙잡고 노래

허버트 켈러허(Herbert Kelleher)

하는 노인이 있다. 가끔 엘비스 프레슬리 복장을 하고 사내방송에서 엘비스 프레슬리의 노래를 뽑아대고 직원들의 화물 운반을 직접 돕기도 한다는 그가 바로 사우스웨스트의 전임 CEO이자 공동 창업자 허버트 켈러허이다.

켈러허는 1931년 미국 뉴저지에서 태어나 웨슬리안 대학을 거쳐 뉴욕대학 로스쿨을 졸업한 변호사였다. 켈러허는 텍사스의 사업가 롤린 킹과 텍사스의 한 레스토랑에서 만나 칵테일 냅킨에 사우스웨스트의 사업구상을 기획했다고 전해진다.

1971년 켈러허가 사우스웨스트를 창업할 당시 사우스웨스트는 항공기 한 대를 보유한 중소업체에 불과했지만 그가 회장에서 물러나던 2008년 사우스웨스트의 항공기수는 527기로 하루 운항수는 3,400회로 증가했다. 1972년부터 2002년까지 30년간 사우스웨스트 주식은 연간 수익률 26.0%로 S&P 500 지수에 포함된 업체들 중 가장 높은 투자수익을 안겨주었다(1972년 1만 달러 상당의 사우스웨스트 주식을 구매했다면 2002년의 그 주식가치는 1천2십만 달러까지 상승했을 것이다).

여기까지는 여느 성공적인 경영자의 이야기와 다를 바 없어 보인다. 그렇지만 사우스웨스트가 포춘(Fortune)지가 선정한 세계에서 가장 존경받는 10대 회사(Top 10 list of The World's Most Admired Companies)에 13년 연속으로 올랐다는 사실과 켈러허 전 회장이 미국 상무부 비즈니스 리더십 명예의 전당 헌액을 포함해 수많은 상을 받았고 그가 받은 상 중에 전국 대중교통 노동자 연맹(The Transport Workers Union)의 평생 명예 회원(2008년)도 포함되어 있다는 점 등을 감안하면 엘비스 복장을 즐겨 입었던 이 노인에게는 뭔가 특별한 게 느껴진다.

사우스웨스트 웨이(기본 가치)에는 켈러허의 독특한 경영 철학이 스며들어 있다.

종업원 감동이 회사 성공의 열쇠

"부자가 빈민을 꼭 사랑해야 할 필요도 없고 빈민이 부자를 사랑해야 할 이유도 없다. 고용주가 직원을 사랑해야 한다든지, 직원이 고용주를 사랑해야 한다는 법도 없다. 각자 상대의 공과에 따라 정당한 대접을 해주면 될 일이다. 그것이 진짜 민주주의다. 민주주의는 모르타르, 또는 용광로나 제분소를 누가 가져야 하는가의 문제가 아니다. 민주주의는 '누가 우두머리가 되어야 하는가?'의 문제와는 전혀 무관하다는 말이다. 그것은 '누가 사중창의 테너를 맡아야 하는가?'라는 질문과 다를 바가 없다. 당연히 테너를 부를 수 있는 사람이 테너를 맡아야 한다. 민주주의 이론에 따라 카루소를 음악적 프롤레타리아 자리에 놓는다고 생각해보라. 다른 테너가 그의 자리를 대신 맡을 수 있단 말인가? 어떻게 해도 카루소의 재능은 여전히 그의 것으로 남아 있을 것이다."

헨리 포드에 따르면 사랑 따위가 생산 활동에 끼어들 여지는 없다. 자원을 적재적소에 효율적으로 배분하고 각자가 자기 몫에 해당하는 일만 충실히 하면 될 뿐이다.

사우스웨스트의 명예 회장 켈러허는 이와는 정반대의 입장을 취한다. 그는 헨리 포드가 본다면 애정결핍을 의심하지 않을까 싶을 정도로 사랑에 집착한다. 회사의 심벌과 주식 거래 코드인 티커를 사랑(LOVE)를 형상화한 LUV로 할 정도면 할 말 다 했다 할 것이다.

켈러허는 무엇을 경영의 우선순위로 볼 것이냐는 질문에 첫 번째로 종업원, 두 번째로 고객, 세 번째로 주주라고 대답한다. 만약 진정으로 종업원을 대접한다면 그들이 고객들을 진정으로 대할 것이고, 고객들이 되돌아오면서 기업가치를 상승시켜 결과적으로 주주들의 복리를 증진시킨다는 것이다.

켈러허는 항공여객 사업의 본질이 서비스업이며, 서비스의 질을 좌우하는 것은 종업원과 그들의 고객을 대하는 자세라는 것을 누구보다도 먼저 깨달았다. 그리고 종업원 감동을 통한 서비스 퀼리티 강화에 집중했다.

저가항공사란 콘셉트를 업계 최초로 도입한 사우스웨스트의 사업모델이 주목을 받기 시작하면서 각지에서 사우스웨스트의 기업문화를 배우기 위해 찾아오기 시작했다. 그때마다 켈러허는 "종업원들을 먼저 잘 대하면 그들이 회사를 성공시킬 것입니다"라는 단순한 말만을 되풀이 했다.

얼핏 들으면 쉬워 보이지만 켈러허는 이것이 가장 어려운 일이라고 말한다. 의미 있는 일을 하고 있다고 종업원들이 느낄 때 그들의 노동생산성을 증가하고 낮은 가격에 우수한 품질의 서비스 제공이 가능케 된다는 것이다. 켈러허는 종업원들을 잘 대접하는 것은 어떠한 잘 짜인 프로그램, 즉 머리를 통해 가능해지는 것이 아니라 가슴으로 하는 일이라고 말한다.

그는 조직원들을 감동시키는 행위를 수천 개의 모자이크를 광대한 면적에 매일 맞춰가는 것에 비유하곤 한다.

평소 경영진의 행동을 통해 조금씩 조금씩 진행되는 행위이기 때문이란 것이다. 만일 머리를 쓴다면 사람들을 금세 고용주의 진정성에 의문을 품게 되고 이중적인 행동에 회의를 느끼게 된다고 설명했다.

사우스웨스트는 경영진의 솔선수범을 통해 임직원을 배려하는데 집중한다.

켈러허는 CEO재임 시 임직원 야유회에 일부 정비사들이 새벽까지 일하느라 빠졌다는 이야기를 듣고, 파일럿들과 함께 조리사를 자청해 새벽 2시에 바비큐 파티를 연 적도 있다. 이벤트만 있었던 것은 아니다. 사우스웨스트는 통상 운항 시 타지에서 머물러야 했던 파일럿과 승무원들을 배려해 출항 시에도 잠은 집에 돌아와 잘 수 있도록 시간을 배려했다. 이러한 정성어린 배려 때문에 사우스웨스트의 항공 노조 가입 비율은 업계 최저 수준을 기록하고 있으며 이직률은 1.4% 수준에 머무르고 있다.

사우스웨스트는 포춘(Fortune)지가 선정한 '미국에서 가장 일하기 좋은 직장' 리스트에 꾸준히 이름을 올리고 있으며 2011년에는 '가장 존경받는 기업' 4위에 올랐다.

'우리 사람들은 다릅니다'

항공산업 규제가 완화될 당시 사우스웨스트의 켈러허 회장은

오스틴에 소재한 광고회사와 광고내용을 협의한 적이 있다. 광고
대행사 직원이 켈러허에게 물었다.

"그래요. 규제완화가 되었습니다. 항공사들은 어느 곳이나 가
고 싶은 곳에 갈 수 있게 되었어요. 사우스웨스트에만 있는 특별한
것은 무엇인가요?"

켈러허는 자신 있게 "우리 사람들은 다릅니다"라고 광고를 내
달라고 한다.

타사와 자사를 차별화시키는 이 문구는 큰 도발에 해당했다.
이 도발적인 문장은 고객에 대한 광고효과뿐 아니라 사우스웨스트
임직원의 사기를 고양시키고 더 나은 서비스를 제공하는데 도움이
된 것으로 평가 받는다. 이 광고가 나간 6, 7년 동안 이 광고에 대한
불만은 한 건도 접수되지 않았다.

자발적인 서비스들이 만들어낸 고객 감동 사례 또한 무수히 많
다.

한번은 법원에서 증언을 하기 위해 사우스웨스트 항공을 탔던
고객이 넥타이를 잊고 탑승한 적이 있다. 이 소식을 전해들은 승무
원이 기내 방송을 통해 즉각 이 손님에게 넥타이를 빌려줄 용의가
있는 다른 손님을 구했다. 그리고 넥타이를 돌려줄 수 있도록 주소
와 함께 건네준 일이 있다.

경직되고 관료적인 조직, 서비스를 번거로워하는 직원들이 근무하는 업체라면 꿈도 못 꿀 일이다.

켈러허는 시스템에 의해 움직이는 조직보다 구성원들의 자유의지와 열정에 의해 움직이는 조직을 강조했다.

"세상 모든 일이 컴퓨터 프로그램 코드처럼 순서대로 정확하게 일어나지는 않습니다. 사업과 경영에서도 냉철한 두뇌 못지않게 따뜻한 가슴이 필요합니다. 특히 가슴에서 우러나오는 인사 제도와 프로세스와 관행을 강조하고 싶습니다. 회의실에 둘러앉아 '자 이제부터 재미있는 발상을 합시다'하고 선언한다 해서 일이 되지는 않습니다. 하지만 CEO가 솔선수범해서 올바른 기업 문화를 실천해 보이면 임직원들은 원가 절감을 위해 피나는 노력을 아끼지 않습니다."

2011년 1분기 사우스웨스트는 2010년 1분기 대비 18% 증가한 31억 달러의 매출과 5백만 달러의 순이익을 시현한다. 이익 규모는 크지 않았지만 아메리칸, 델타, 유나이티드 콘티넨탈과 같은 경쟁사들이 적자를 본 데 비하면 훨씬 양호한 성적을 거둔 것이다.

2011년 5월 사우스웨스트는 애틀랜타 소재 에어트레인(AirTran)사를 인수하며 700기의 비행기를 추가로 편입시켜 항공기 수를 4천대로 늘리는 등 불경기 속에서도 사업을 더욱 확장했다.

2011년 컨슈머 리포트(Consumer Reports)는 사우스웨스트를 미국에서 가정 선호되는 항공사로 평가했다.

켈러허의 제언 : 성공적 CEO를 꿈꾸는 이들에게

켈러허는 경영자가 된 사람들에게 중요한 일과 중요하지 않은 일을 구분할 수 있는 능력을 길러야 한다고 말한다.

이해관계자 경영을 추구하는 기업이 빠지기 쉬운 관료주의의 늪에 매몰되지 않기 위해서는 결과 중심적이고 일 중심적인 구조를 만들어야 한다고 한다는 것이다.

회사의 목적과 가치는 단순하고 이해하기 쉬운 것이 좋은 것이며, 모든 조직원들이 이를 공유하고 같이 참여하는 구조를 만들어

가야 한다고 그는 설명한다. 그는 지금도 대부분의 인터뷰에서 사업 중에서도 사람 사업이 가장 중요한 사업이라는 점을 강조하곤 한다. [Herb Kelleher: The Thought Leader Interview, Chuck Lucier]

사업을 하다 보면 때론 하고 싶진 않지만 해야 하는 – 특정 이해관계자들에게 희생을 요구하는 – 선택의 시기가 있다. 매 분기 실적이 발표되고 그에 따라 경영자의 진퇴가 결정되는 상황에서 눈앞의 이익을 떠나 더 큰 사회적 이익을 도모했을 때 선순환이 발생하고 나도 더 발전할 수 있다는 믿음을 갖는 것이 쉬운 일이 아니다. 하지만 불가능한 것과 어려운 것은 다르다. 부단한 노력으로 성장과 이해관계자들의 행복 두 마리 토끼를 다 잡은 사우스웨스트의 존재가 그 사실을 말해주고 있다.

생산성과 복지,
《월마트》 vs 《코스트코》

착한기업이 잇속을 칼같이 따지는 기업과의 경쟁에서 살아남을 수 있을까? 거시경제학 수업에서라면 '아니오'라는 말이 나오겠지만, 비즈니스에서는 많은 예외가 발견된다.

굳이 경제학적 표현을 빌리자면 시장이 충분히 효율적이지 않고, 인간이 경제적 이해관계에 의해 움직이기보다는 종종 심리적 요인에 의해 합리적이지 못한 경제감각을 발휘하기 때문일 것이다.

미국에서 이해관계자 경영을 가장 열심히 실천하고 있는 코스트코는 월마트의 샘스클럽과 직접적인 경쟁관계에 있다. 월마트가 그러했듯이 샘스클럽의 강점은 구매력과 효율적인 물류 통제 시스템이다.

반면 코스트코는 직원 복지 향상을 통한 서비스 경쟁력 강화를 무기로 삼고 있다.

《위대한 기업을 넘어 사랑받는 기업으로(Firms of Endearment)》에서는 코스트코가 샘스클럽보다 40%나 많은 급여를 주고 있고 훨씬 많은 복리후생 지출을 하면서도 1인당 수익률은 샘스클럽보다 훨씬 높게 유지하고 있다고 설명하고 있다. 코스트코의 직원 생산성이 훨씬 높고, 직원 이직률이 낮기 때문이다(코스트코의 첫해 이직률은 샘스클럽의 21%보다 훨씬 낮은 6%에 불과하다).

전문가들은 코스트코의 높은 급여가 새로운 직원을 채용하고 교육시키는 비용을 줄여준다고 설명한다. 또 급여를 잘 받는 종업원들이 열심히 일하면서 고객 당 매출이 올라가고 고객충성도도 더 높아지는 결과를 낳는다고 말한다(2004년 월마트가 회사를 떠난 사람들을 대체하기 위해 62만 명의 신규 인력을 채용했음을 감안하면 임직원의 이직 문제가 간과할 수준의 문제가 아님을 알 수 있다).

«그라민 은행» 무하마드 유누스
지역사회를 고려한 경영

'소액금융으로 가난 구제'

"모든 이들은 나약해지지 않도록 자신을 다져야 한다. 누가 자신을 받아 주고 어르면 이에 분개해야 마땅하다. 그것은 마약과 같다. 굳건히 서서 버텨야 한다. 자선은 약골들이나 받으라고 하라.

인간의 동정심은 훌륭한 것이다. 냉혹하고 계산적인 태도가 이를 대신하게 해서는 안 된다. 아무리 대단한 진보라도 뒤에 인간의 동정심이 자리하고 있지 않으면 그 가치를 인정할 수 없다. 남에게 봉사하는 사람들을 돕는 것은 기업이 마땅히 해야 할 순리다.

문제는 이 위대하고 훌륭한 동기를 너무나 사소한 목적을 위해 쓴다는 것이다. 동정심 때문에 굶주린 자들을 먹일 수 있다면, 그 동정심을 조금 더 발휘해 아예 세상에 굶주림이 발붙이지 못하게 하겠다는 더 큰 소망을 품어볼 수는 없는가? 사람들이 어려움을 극복하도록 도와줄 동정심이 있다면, 당연히 한발 더 나아가 아예 어려움에 부딪히지 않게 해주겠다는 생각을 가져야 한다." **헨리 포드**

자선에 대한 포드의 일갈은 냉혹하기 이를 데 없다. 그렇지만 이 글을 읽으며 고개가 끄덕여지는 것도 사실이다.

가난을 어떻게 볼 것인가?

가난은 정말 나라도 구제 못할 것인가? 이 불가능해 보이는 거대한 미션에 도전했던 사람이 있다. 소액융자업(마이크로파이낸스 비즈니스)을 세상에 알린 무하마드 유누스(1940~)는 방글라데시의 치타공대학에서 경제학을 가르치던 교수였다.

1974년 그는 방글라데시에 대기근이 발생했을 때 27달러를 42명의 사람들에게 빌려주며 가난한 사람들을 돕기 위한 소액융자업을 시작했다. 마이크로파이낸스(Microfinance)를 통한 가난구제라는 거대 미션의 첫걸음이었다.

가난구제는 나라님도 못한다? 자기 자신은 가능하다!

"죽지 않고 살아남았다는 사실만으로도 그들은 뛰어난 능력을 가졌다. 그들이 생존 능력을 발휘하게 하려면 당장 생업을 시작하도록 돈을 빌려주어야 한다."

포드가 그랬던 것처럼 유누스도 개인 수준의 자선으로는 근본적 가난구제가 불가능하다고 보았다. 자선은 가난한 사람들로 하

무하마드 유누스(Muhammad Yunus)
(World Economic Forum 2009 연례총회)

여금 그들이 처해 있는 문제를 오히려 망각하게 만들고, 자립의지를 꺾는다고 보았기 때문이다.

대신 그는 사람들이 가난한 데에는 사회 구조적 문제가 있다는 점에 주목했다. 그는 자립할 수 있는 여건이 조성된다면 가난한 사람들도 스스로 가난을 극복할 수 있다고 주장했다.

"사람들은 대개 가난한 사람에게 구호물자를 무상으로 주는 것이 그들을 돕는 일이라고 착각합니다. 가난한 사람은 머리도 나쁘고 창의성이라곤 찾아볼 수 없는 별종이라고 생각하기 쉽습니다. 그러나 틀렸습니다. 가난한 사람이 가난한 이유는 상황이 그렇게 이어졌기 때문이지 그 사람의 본성이 악하거나 게으르거나 머리가 나쁘기 때문이 아닙니다. 가난한 사람들도 우리와 똑같은 사람이란 걸 인정하면, 그들에게도 우리가 누리는 혜택이나 서비스를 제공해야 합니다. 여기까지 생각이 미치면 우리는 비로소 구호물자 무상 제공이 빈곤 퇴치의 왕도가 아니라는 사실을 깨닫게 됩니다. 그리고 진정 가난한 사람들을 구하는 길은 자력갱생할 수 있도록 시스템을 만들어 나가는 것임을 인정하게 됩니다.”

헨리 포드는 100명이 있다면 그 중 95명에게 그들이 필요로 하는 서비스를 공급하는 것이 자신이 지향하는 사업이라고 말해왔다. 박리다매로 많은 소비자들에게 양질의 서비스를 공급하는 것, 헨리 포드에게 그 서비스란 자동차였고, 유누스에게 그 서비스란 담보 없는 대출제공이었다. 유누스는 방글라데시에서도 사회의 구조적 문제를 해결할 수 있다면 가난한 사람들의 생활도 충분히 바뀔 수 있다고 보았다.

새로운 비즈니스 모델
‘마이크로파이낸스, 그라민 은행’을 설립하다

대부분의 은행이 개인 또는 기관의 현금창출능력이나 담보를 기반으로 돈을 빌려준다. 유누스는 방글라데시의 많은 인구들이 자영업을 위한 종자돈을 필요로 한다는 것을 발견했다. 그렇지만

그라민 은행 영업 장면 (출처 : BBC)

그들에게 있어 자본을 얻기란 거의 불가능한 일이었다. 금융을 이용할 수 있는 변변한 직장이나 재산이 없는 이들에게 은행 문턱은 높기만 했다. 지속 가능한 비즈니스 모델을 통해 기아와 가난을 없에는 방법을 모색하던 유누스는 마이크로파이낸스라는 사업 모델을 고안해낸다.

"나는 융자를 위해 반드시 담보가 필요하다는 관행을 없애기 위해서 새로운 은행 시스템을 도입했다. 내가 도입한 원칙이 기존의 원칙과 다르긴 하지만, 도대체 자유시장 경쟁체제에서 서로 다른 두 시스템이 경쟁하지 말란 법이 어디 있단 말인가?"

1976년 유누스는 그라민 은행을 설립하여 서민들을 대상으로 마이크로파이낸스라 불리는 소액대출 사업을 시작했다. 마이크로파이낸스 사업은 서민 금융 시장에서 담보를 받고 돈을 빌려주는 일반 금융기관과 경쟁할 수 있는 새로운 사업 모델이었다.

변변한 담보가 없어도, 특별한 신용거래 기록이 없어도, 외간 남자 앞에서 얼굴을 가려야 하는 무일푼 농촌 여성이라도 유누스가 운영하는 그라민은행에 오면 돈을 빌릴 수 있었다. 빈민들은 그라민 은행에서 돈을 빌려 가구 제조, 양계, 양식업, 목축업 등의 개인 사업을 시작할 수 있었다.

연 대출금리 20%를 수취하는 마이크로파이낸스 사업이 박리다매라고 하면 이상한 표현으로 보일 수도 있다. 그러나 채무상환 능력을 선제적으로 확보해야 금융의 문이 열리는 구조가 당장 금융을 필요로 하는 사람들에게 많은 시간과, 비용, 노력을 요구한다는 사실을 감안하면 추가로 부담하는 금리는 큰 부담이 되지 않는다.

채무 상환을 부득이한 이유로 못하는 이들의 재산을 갈취하거나 대출금 회수를 위한 강제 수단을 동원하지 않는다는 점에서도 마이크로파이낸스는 고리대금과는 확연히 구분된다.

유누스는 특히 가난한 여성의 노동기반 마련을 위해 노력했다. 그는 봉급 근로자만이 아닌 소규모 자영업 지원을 통해 고용증대에 기여했다.

우선 그는 회원이 되기 위한 문턱을 가난한 사람이라는 것만 증명하면 가능하도록 했다. 그리고 회원의 채무 한도를 수입에 근거한 것이 아닌 앞으로 얼마나 의욕적으로 사업을 할 것인지에 따라 결정했다.

마이크로파이낸스의 신용위험 관리법

아무리 좋은 취지의 사업이라도 실패한다면 그 빚을 잃게 된다. 그라민 은행의 지속을 가능하게 하기 위해서는 대출을 받은 사람으로 하여금 원리금을 잘 상환하도록 해야 했다.

유누스의 마이크로파이낸스 사업은 무담보 대출을 제공함에도 불구하고 신용위험이 특별히 높지는 않았다.

1998년 아시아 외환 위기가 닥쳤을 때 방글라데시의 일반 은행들은 기업 금융 대출금의 100퍼센트, 중소기업 금융 대출금의 50퍼센트 이상을 포기해야만 했다. 그러나 그라민 은행의 경우 상환율이 1퍼센트 가량 떨어진 97.5 퍼센트를 유지했다. **«US Banker» 2003 년 8월호**

그라민 은행은 원금의 상환 기간을 1년으로 정했다. 그리고 채무자들이 매일(후일에는 매주) 돈을 갚게 함으로써 돈을 갚을 때 큰 부담이 느껴지지 않도록 했다.

그리고 1년 만기에 처음에는 16퍼센트, 이후에는 20퍼센트의 금리에 1달러에서 최대 100달러까지 융자를 받도록 했다. 단 한 가지 조건은 대출을 받은 뒤 2주째부터 소액이라도 상환한다는 조건이었다. 채무자들은 이 방법으로 원금을 갚아나가는 한편, 자립할 수 있다는 자신감 또한 기를 수 있었다.

"난생 처음 융자를 받은 사람들은 처음으로 원금을 갚을 때 무한한 기쁨을 느끼는데, 왜냐면 자기가 원금을 갚을 수 있을 정도로 돈을 번다는 느낌을 처음으로 가져보기 때문이다. 다음으로 두 번째, 세 번째로 원금을 갚는다. 이들에게는 굉장한 경험인 것이다. 이들은 스스로의 힘으로 돈을 벌어 원금을 갚기 때문에 기쁨이 말할 수 없이 크고, 그래서 만나는 모든 사람에게 자랑하지 않을 수 없다. 이들은 자긍심을 느끼고, 자기에게 이제까지 알지 못하던 커다란 힘이 있다는 자신감을 갖는다."

유누스의 관찰에 따르면 가난한 사람들은 혼자서는 계획성과 실천성이 부족했다. 하지만 그룹을 지어 행동하면 다른 사람들의 도움도 받고 경쟁심도 생기기 때문에 융자를 받더라도 계획성 있게 활용하리라고 보았다.

그라민 은행은 서로 돕는 조건으로 개인 다섯 명을 한 그룹으로 묶어 대출하는 규정을 세웠다. 돈을 빌리려는 사람은 자신과 동일한 사회적, 경제적 여건에 있는 사람들과 그룹을 지어야 했다. 융자는 개인 명의로 이루어지지만 상환에 대한 책임은 그룹이 공동으로 부담했다. 개인은 그라민 은행으로부터 받은 융자에 대해 기술적으로만 책임을 졌다.

그룹원 중 한 명이라도 계약 조건을 어기면 그룹원 모두가 융자를 받을 수 없기 때문에 그룹원 중 어느 누가 원금을 상환하지 못하는 경우 다른 그룹원들이 돈을 만들어 은행에 상환을 하도록 했다.

그라민 은행은 이들 그룹의 모임을 주재하는 역할을 담당하며 그룹들이 독자적으로 운영되도록 후원했다. 회원들이 상호기금을 운영하도록 함으로써 경영의 경험을 갖도록 한 것이다.

이러한 사업방식이 가능한 것은 방글라데시 특유의 환경적 영향과 그라민 은행이 이를 적절히 이용할 줄 알았다는데 있다. 그라민 은행의 소액대출은 방글라데시의 빈민 여성들이 가난에서 벗어날 수 있는 유일한 길이었다. 자연 채무자들의 상환 의지가 강할 수밖에 없었다. 그리고 방글라데시에서는 거주이전의 자유가 거의 없고 공동체 의식이 강하게 형성되어 있기 때문에 담보보다 더 강한 상환 압력이 작용했다. 그라민 은행은 2005년 기준으로 6만여 곳에서 소액융자 프로그램을 운영하고 있으며 2005년 기준 1인 평균 대출액은 200달러였다.

가난 탈출, 제3의 길은 있다

마이크로파이낸스 프로그램은 가난한 마을 주민들에게 시장 경제를 향한 욕구를 심어주었고 많은 이들이 이 프로그램을 이용해 가난에서 벗어났다. 서민들의 예금으로 운영되는 그라민 은행은 효율적이고 일반화된 프로그램들을 개발해 성공적으로 운영되고 있다. 2005년 기준 그라민 은행은 1,735개 지점과 558명의 회원을 확보하고 있다(회원 중 95%가 여성이다).

2004년까지 그라민 은행은 300만 명이 넘는 사람들에게 41.8억 달러가 넘는 돈을 빌려주었고 99퍼센트의 상환 기록을 세웠다. 그리고 마이크로파이낸스 프로그램은 전 세계로 퍼져나갔다.

"대개 우리는 이윤 추구야말로 자본주의의 원동력이며, 따라서 이윤추구에 치열한 사람들만이 자본주의 사회에서 두각을 나타낸다고 생각한다. 하지만 양식 있는 이들은 이러한 생각에 동의를 하지 않을 뿐만 아니라, 이의 해악을 비판하고 다른 대안은 없겠는가 찾으려고 끊임없이 노력을 한다."

"나는 그라민 은행 활동을 통해서 이윤 추구만이 자유주의의 유일한 원동력은 아니라는 사실을 깨닫게 되었다. 거기에는 사회적 목표라는 참 가치가 반드시 포함되어야 한다. 우리가 이 점을 잊지 않고 기업 활동을 통해 사회적 목표를 향해 나아간다면 이윤 추구만을 꾀하는 그 어떤 기업과도 경쟁에서 이길 수 있다. 따라서 그라민 은행의 업적은 주주들에게 주어지는 배당금이란 잣대만으로 측정되어서는 곤란하며, 배당금의 액수가 어떠하든 간에 우리의 활동이 지역사회에 기여하는 몫을 잊어서는 안 된다."

가난 극복이 사업의 목표였던 만큼, 유누스가 밝힌 그라민 은행의 목표는 '세상의 가난을 모두 없애 빨리 망하는 것'이다. 유감스럽게도 아직 그라민 은행이 망했다는 소식은 들려오지 않고 있다. 하지만 가난 구제에 사업 모델을 적용한 그의 통찰력은 많은 이들에게 희망을 주었다.

그라민 은행의 성공은 많은 지역에서 마이크로파이낸스 사업이 시도되는 계기를 마련해 주었다.

2006년 유누스는 그라민 은행과 공동으로 노벨 평화상을 수상했다.

《시카고 쇼어 은행》
미국의 마이크로파이낸스

2010년 8월 20일, 서브프라임(비우량주택담보대출) 사태의 와중에 2010년 들어 118번째로 시카고의 쇼어 은행(Shore Bank)이 영업정지 처분을 받았다.

미 예금보험공사(FDIC)를 거쳐 새로운 투자가들 손에 넘어가게 된 쇼어 은행은 기업의 사회적 책임을 중시해 온 특별한 은행이었기에 특별히 그 실패가 아쉬움으로 남는다.

쇼어 은행은 '이익, 사람들에 미치는 영향, 환경에 미치는 영향' 등 세 가지 미션을 동등하게 중시 여기며 운영해온 매우 독특한 은행이었다(Triple-bottom line business).

미국의 빈민가는 전통적으로 금융사들이 대출을 꺼려왔던 지역이었다. 범죄가 많고 가난한 사람이 많은 지역적 특성으로 신용위험이 높은 지역으로 여겨져 왔기 때문이다.

높은 대출 문턱은 중소기업들에게는 부담으로 작용해 왔고 빈민가의 경제적 자립이 늦어지는 원인이 되어 왔다. 1977년 금융사들로 하여금 빈민가 지역에 대출을 늘리도록 하는 내용의 커뮤니티 재투자

법안(CRA: Community Reinvestment Bank)이 통과되었지만 많은 금융사들은 여전히 투자를 꺼렸다.

쇼어 은행은 1973년 네 명의 은행가들에 의해 설립되었다.

남들이 투자를 꺼리던 시카고의 빈민가에서 지역개발 은행(Community Development Bank)의 기치 아래 설립되었다(1977년 커뮤니티 재투자법안이 상정되었을 때 쇼어 은행의 창립자 그레진스키는 공청회에서 유일하게 찬성 입장에서 발언했던 은행가였다).

쇼어 뱅크는 설립 후 1980년대 초 시카고 남부 흑인 밀집지역에서 목수, 배관공, 전기공 등 중소 사업자들에 대한 대출사업을 통해 성공을 거둔다.

방글라데시의 그라민 은행이 그랬던 것처럼 쇼어 은행도 대출을 함에 있어 자산 담보 대출보다는 평판, 고객과의 관계형성 등을 통해 채무 상환능력을 가늠했고, 이러한 기준으로 이들의 신용도를 측정해 대출을 해주었다. 자금이 부족했던 자영업자들은 쇼어 은행의 대출을 기반으로 사업을 늘려갈 수 있었고, 채무 변제 또한 양호하게 이루어졌다.

쇼어 은행의 성공적 마이크로 파이낸싱 사업은 지역개발을 꿈꾸던 혈기왕성한 진보 인사들에게 영감을 주었다. 시카고 출신의 클린턴 부부는 알칸사스(아칸소) 주지사 시절 쇼어 은행의 성공 사례를 전하고 알칸사스 주에 유사한 프로그램을 시행해 성공을 거둔다.

2006년부터 촉발된 미국 부동산 가격 하락이 시카고 남부 지역을 덮쳤을 때, 많은 사람들이 변동금리 부모기지로 인한 과중한 금리 부담에 시달렸다.

통상 30년으로 채무 상환 기한이 정해진 미국의 모기지 중 대다수는 초기 2~3년 정도 기간은 저금리 고정금리를 부담하다가 기한 후에는 변동금리 적용을 받게 된다. 그런데 교육 수준이 낮은 빈민가 지역에서는 대출업자들이 이 점을 악용해 초기의 낮은 금리만을 내세워 대출을 유도한 경우가 많았다.

1, 2퍼센트 수준의 금리에 혹해 집을 구매했던 서브프라임 채무자들은 갑자기 10퍼센트대로 뛰어오른 대출 금리에 질겁할 수밖에 없었고, 이자 비용 부담에 집을 내놓을 수밖에 없었다.

지역 내 채무 부담으로 차압이 증가하는 것을 본 쇼어 은행은 지역 주민들을 돕기 위해 그 동안 해오지 않았던 주택 융자업에 진출한다. 고금리로 고통 받던 사람들이 쇼어 은행에서 재융자를 받을 수 있도록 한 것이다.

2008년 자산규모 21억 달러에 불과한 쇼어 은행은 이를 위해 5천 2백만 달러의 유상증자를 실시하는 한편, 고금리 예금상품을 출시해 재원을 조달했다. 쇼어 은행의 대출 담당 임원은 저녁마다 지역 주민들과 간담회를 통해 쇼어 은행이 만든 새로운 프로그램을 소개했다.

쇼어 은행은 대담한 행보를 취하면서 미디어를 통해 대형 은행들 또한 동참하기를 바란다는 메시지를 전달했다. 금융권과 감독당국이 같이 노력해 금리를 낮춰 차압이 증가하고 공동체가 무너지는 것을 막아 보자고 호소했다.

그러나 좋은 취지에도 불구하고 부동산 하락의 골은 깊었다. 초창

기 쇼어 은행의 프로그램은 성공적으로 진행되는 듯했지만 실업률 증가가 발목을 잡았다. 자산 담보 대출보다는 평판, 직업, 신용도 등을 보고 대출을 해주었지만 경기침체로 실업률이 증가하면서 지역 주민들의 상환능력이 급격히 나빠져 부실 대출은 늘어만 갔다.

2010년 자본 잠식에 시달리던 쇼어 은행은 결국 미 예금보험공사에 의해 영업정지 처분을 받았다. 쇼어 은행온 씨디(Citi), 제이피 모건(JP Morgan), 뱅크 오브 어메리카(Bank of America), 골드만 삭스(Goldman Sachs) 등 금융위기 당시 정부 지원으로 간신히 위기를 넘긴 대형 금융사들에 의해 인수되어 얼번 파트너쉽 뱅크(Urban Partnership Bank)로 이름을 바꿔 운영되고 있다. 미국에서는 부실화된 은행의 임직원들 대다수가 은행을 떠나는 것이 업계 관행이나 쇼어 은행은 지역사회에서 갖는 특별한 위상이 고려되어 기존 임직원 중 상당수가 은행명이 바뀐 지금도 남아 근무하고 있다.

《머크(Merk)제약》
기부는 장기적 투자

신약개발 인센티브 어떻게 볼 것인가?

조지 부시와 존 케리의 대통령 선거전이 한창이던 때 TV토론에서 전국민 의료보험 문제가 부각이 되었다(미국민 3억 명 중 의료보험 혜택을 받지 못했던 사람의 수는 당시 미국 인구의 10%가 넘는 4천만 명에 달했다).

토론 중 민주당 존 케리가 말했다. 지금 국민 건강보험을 실시하지 못하는 건 약값이 비싸기 때문이다. 이는 제약사들이 신약에 대해 폭리를 취하기 때문이다. 내가 집권한다면 제약사들이 폭리를 취하는 것을 막고 보다 많은 서민들에게 의료보험을 지급할 것이다(특이 질환의 경우 처방전대로 약을 사려면 1주일분에 2천 달러가 넘는 약값을 부담해야 한다. 의료 보험을 통해 비용이 지불될 경우 이 부담은 가입자 모두에게 전가된다).

조지 부시 전 대통령은 신약 개발에 수천억에서 수조원의 연구개발비가 든다는 말로 반박했다. 제약 회사들로서는 많은 위험을 떠안아야 하는 신약 개발을 하기 때문에 그 위험 부담을 가격에 반영시킬 수밖에 없다고 주장했다.

만약 신약 특허에 대한 정당한 보상이 없다면 누가 위험 감수를 하면서 신약을 만들겠는가? 신약이 더 이상 개발되지 않아. 질병들을 치료하는 수준이 높아지지 못한다면 이는 인류 복지의 퇴보를 가져올 것이라는 주장이었다.

기부로 딜레마 벗어난 머크제약

1978년 미국의 제약사 머크의 연구 책임자 로이 베겔로스(Roy Vegelos) 박사는 윌리엄 켐벨(William Campbell) 박사로부터 구충제 이버멕틴(ivermectin)의 동물 실험 중 이 약이 사상충증(Onchocerciasis 또는 River blindness) 치료에 도움이 될 지도 모른다는 보고를 받았다.

사상충증은 흑파리 떼의 타액에 의해 전염되는 병으로 기생충 애벌레들이 인체에 들어가 번식해 극심한 가려움을 유발하고 심지어 시력을 잃게 하는 병이다. 1978년 당시 중동, 남미, 아프리카 등에서 약 천 800만 명이 이 질병에 걸려 34만 명이 시력을 잃은 것으로 WHO에 의해 조사된 바 있었다.

하지만 개발자의 주장대로 인체에 무해하도록 약을 개발하고

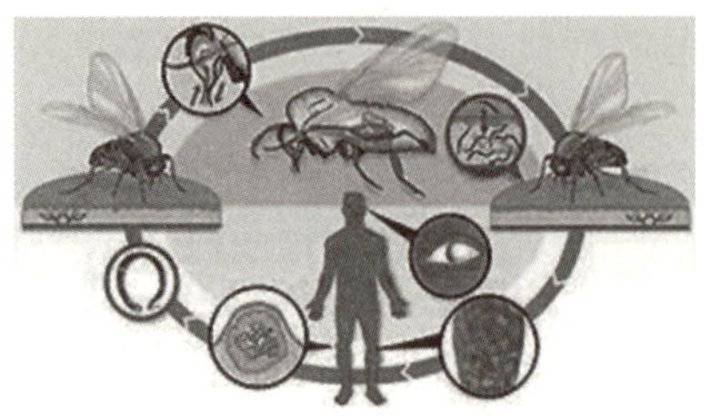

사상충증 감염경로 (출처 : WHO 홈페이지)

임상실험을 하려면 수백만 달러의 개발비가 소요될 것으로 보였다. 개발에 성공하더라도 실제 이 질병 치료제의 사용자가 되어야 할 제3세계 사람들로서는 비싼 약값을 감당할 도리가 없어 보였다.

1978년 미국에서는 20만 이상 미국 시민이 걸리는 희귀 질병에 대한 치료제를 개발하는 회사에게 세제 혜택과 독점판매권을 7년간 보장하는 법안이 통과되었다. 하지만 외국 질병 치료에 대해서는 미국뿐 아니라 어떤 국제적 프로그램도 제품 개발에 대한 인센티브를 제공하지 않았다.

개발시 막대한 자금을 투자해야 하는 머크사 입장에서 기대할 수 있는 것은 제3세계 국가들이나 사회 NGO들이 제품 개발에 대한 부담을 자발적으로 공동 분담하는 것이었다. 하지만 현실적으로 이 방법 또한 쉽지 않았다.

그렇지만 머크의 경영진은 정신 나간 짓이란 우려를 무릅쓰고 임상실험, 식품의약국(FDA)승인 등을 받아가며 10.5억 달러(1.2조

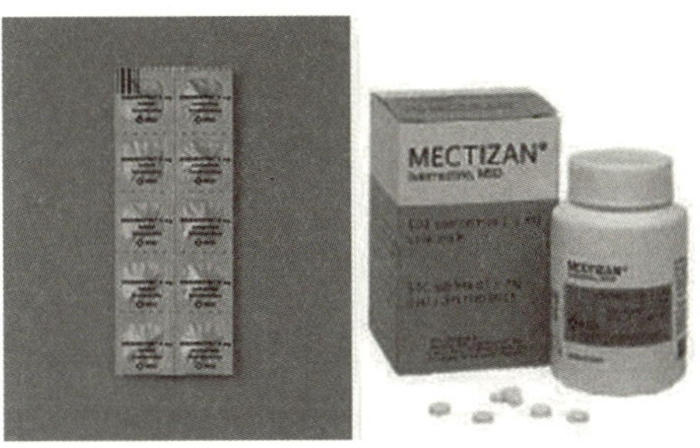

머크(Merk)제약의 사상충증 치료제, 맥티잔(Mectizan)

원)의 비용을 들여 '이버멕틴'을 미국에서는 스트로멕톨(Stromectol)이란 이름으로 캐나다에서는 맥티잔(Mectizan)이런 이름으로 출시했다. 제품이 개발된 이후 판매가 시작되었다. 하지만 결과는 신통치 않았다.

이에 이제는 멕티잔으로 이름이 바뀐 이버멕틴의 판매 증진을 위한 다양한 방법이 논의되었다. 여타의 구충약과 같이 3달러 수준에 팔자는 의견이 있었고 미국 정부나 국제기구에 팔자는 의견노 있었다. 그러나 가격을 1달러로 낮추겠다는 제안에도 불구하고 맥티잔을 사겠다는 기관은 없었다. 경제성을 생각한다면 당장 판매를 중단해야 할 상황에서 최종적으로 기부가 대안으로 떠올랐다.

그러나 기부에는 혹시 발생할 수 있는 약물 부작용에 대한 대응 우려, 생산 관리 비용의 지출, 이후 모든 약품들이 기부될 수 있으리라는 잘못된 시그널의 전달과 이로 인한 연구개발 저해, 제3세계로의 약품 공급망 부족 등의 문제가 동반될 수 있었다. 이러한 우려에도 불구하고 1987년 당시 머크의 CEO였던 로이 베겔러스는 주변의 만류를 무릅쓰고 공개 기부를 감행한다. 머크는 1987년부터 세계보건기구(WHO)와의 공조를 통해 제3세계 국가 서민들에게 멕티잔을 무상으로 공급하기 시작했다. 멕티잔은 후일 다른 종류인 풍토병인 림프 필라리아(Lymphatic Filariasis) 치료에도 효험이 입증되었으며 머크의 의약품 기부 프로그램으로 연간 8천만 명이, 누적기준 7억 명이 혜택을 입었다

머크의 전 CEO 레이먼드 길마틴은 훗날 이러한 기부가 후일 더 좋은 경영성과를 달성할 수 있도록 해주었다고 설명했다. 첫 번째 이유는 '기부는 장기적 투자'라는 것이다. 기부 수혜자 또는 수혜국의 정치경제 상황에 도움을 주면 나중에 그들이 고객으로써 돌아온다는 것이다. 두 번째 이유는 종업원 만족을 이유로 들었다. 직원들에게 인류 건강에 도움을 주는 약품을 만들자고 다짐하고 돈이 안 된다는 이유로 신약 개발을 포기한다면 직원들에게 긍정적 메시지를 심어주지 못한다는 것이다.

이러한 자선행위가 주주들에게 피해를 주었을까? 결론은 '아니올시다'이다. 2011년 9월 말 기준 머크의 시가총액은 1,000억 달러로 화이저, 존슨 앤 존슨 등과 같은 유수의 글로벌 제약사들과 어깨를 나란히 하고 있다. 머크는 1987년부터 1993년까지 7년 연속 포춘지의 가장 존경 받는 기업 1위에 올랐다.

머크의 과감한 기부는 산업 내 외부로 큰 반향을 일으켰다. 이

Product-Specific Donation programs and Pharmaceutical Industry Sponsors

Disease	Donated Product		Company
	Trade name	Generic name	
African trypanosomiasis	Ornidyl	eflornithine[1]	Aventis
African trypanosomiasis, leishmaniasis	Pentam	pentamidine	Aventis
HIV/AIDS	Crixivan	indinavir	Merck and Co., Inc.
	Stocrin	efavirenz	Merck and Co., Inc.
	Videx	didanosine	Bristol-Myers Squibb
	Zerit	stavudine	Bristol-Myers Squibb
	Megace	megestrol acetate	Bristol-Myers Squibb
	Fungizone	amphotericin B	Bristol-Myers Squibb
	Viramune	nevirapine	Boehringer Ingelheim
	Retrovir	zidovudine (AZT)	GlaxoSmith Kline
	Epivir	lamivudine (3TC)	GlaxoSmith Kline
	Combivir	AZT + 3TC	GlaxoSmith Kline
Leprosy	Rimactane	rifampicin	Novartis
	Lamprene	clofazimine	Novartis
Lymphatic Filariasis	Zentel	albendazole	GlaxoSmith Kline
	Mectizan	ivermectin	Merck and Co., Inc.
Malaria	Malarone	atovaquone + proguanil	GlaxoSmith Kline
Onchocerciasis	Mectizan	ivermectin	Merck and Co., Inc.
Polio		oral polio vaccine	Aventis Pasteur
Trachoma	Zithromax	azithromycin	Pfizer
Vitamin A deficiency		vitamin A	Hoffman-LaRoche

SOURCE: www.ifpma.org, accessed 30 May 2001

WTO가 집계한 의약품 기부 내역(2001년)

후 머크의 뒤를 이어 세계 유수의 다국적 기업들이 의약품 기부 활동에 동참했다. 지금 이 순간에도 사업과 사회기여를 동시에 이루려는 기업들의 시도는 계속되고 있다.

사회적 책임의 진정성,
장기적 투자로서의 사회적 책임 이행

흔히 기업의 사회 책임 활동(CSR : Corporate Social Responsibility)은 비용이 많이 들어 사업의 수익성을 저하시킬 수밖에 없다고 생각한다. 그러나 많은 학계 전문가들은 사회적 책임을 다하는 기업이 성공한다고 주장한다. 사회 책임 활동을 통해 기업 실적과 이미지가 모두 좋아질 수 있다는 것이다.

2009년 아메리칸 일렉트릭 파워(American Electric Power)는 대규모 차입을 일으켜 인디에나 주에 풍력발전소를 건설할 계획을 발표했다. 영국의 이커너미스트지는 이것이 완전히 이타심에서 비롯된 행위만은 아니라고 해석했다. «The Economist», 2009.5

환경변화를 막기 위한 정부의 통제로 가까운 미래에 친환경 에너지에 대한 수요가 급증하면 이러한 친환경 투자는 장래 엄청난 투자로 돌아올 것이라 보았기 때문이다.

신재생에너지 사업에 지속적으로 투자를 늘려온 골드만삭스도 2011년 인도 풍력발전 기업에 2억 달러를 추가로 투자했다. 이러한 친환경 투자는 골드만삭스의 새로운 수익원이 될 수 있을 것으로 전망

되고 있다.

그러나 로사 전 스위스 국제경영개발원(IMD) 교수는 "기업이 사회적 책임을 다하는 것은 매우 중요한 일이지만 이를 마케팅 차원에서 접근해서는 안 된다"며 선을 그었다. **«매일경제», 2011.10**

기업의 사회 책임 활동이 투자가 되어 경제적 결실로 돌아오는 것은 단기간 내에 이루어질 수 있는 일이 아니다. 그리고 꼭 보상이 돌아오리라는 보장도 없다.

미시간 대학 경영대학원의 어닐 카나니(Aneel Karnani)교수는 기업의 사회칙임활동은 사회의 압박에 의해 마지못해 하는 행위가 아닌 자발적 행위만을 지칭한다고 설명한다. 즉 생존의 압박을 견디기 위해 마케팅을 목적으로 행한 사회 책임 활동, 경제적 보상을 목적을 하는 사회 책임 활동은 진정한 사회 책임 활동으로 보기 어렵다는 것이다.

헨리 포드,
기업과 환경 경영

환경 문제에 대한 포드의 견해

"자신의 능력을 끌어올리지 못하도록 막고 있다면 그것은 '절약'이 아니다. 가장 중요한 자본을 갖다 버리는 짓이다. 자연이 부여해준 가치를 깎아내리는 것이나 마찬가지다. 잘 이용하는 것이야말로 진정한 가치다. 이용은 긍정적이고, 적극적이며, 활력을 준다. 이용은 살아 움직인다. 좋은 가치를 더욱 북돋운다."

"세상 만물은 다 쓰라고 우리에게 주어진 것이다. 문제는 그것을 오용했을 경우다. 일상생활에서 만나는 물건들에 대해 우리가 저지를 수 있는 죄악의 죄가 있다면 그것을 잘못 사용하는 것이다. '오용'은 낭비보다 더 넓은 의미이다. '낭비'라는 말을 쓰고 싶겠지만 낭비는 오용의 한 예일 뿐이다. 낭비는 모두 오용에 속한다. 오용은 모두 낭비다."

기업윤리를 이야기할 때 이익을 더 내기 위해 기업이 사회책임 경영을 실시한다고 잘못 전달되는 경우가 있다. 그러나 윤리경영을 거론하는 이들은 이익을 더 내기 위해 인위적으로 선한 일을 실천하는 것은 경제적인 행위일 뿐 윤리적 행위가 아니라고 한다.

칸트는 실천이성비판에서 도덕적 행위를 어떤 보상을 바라고 이루어지는 행위가 아니라 단지 그것이 옳은 일이기에 해야만 하는 의무라고 설명했다.

환경오염 방지는 옳기 때문에 해야 하는 일이지만 경영자 입장에서는 이를 받아들이기가 쉽지 않다. 환경오염은 공동에 의해 장기적으로 불거지는 문제인 반면 짧은 기간 내 성과가 드러나는 경영실적은 경영자의 직업 안정성과 직결되기 때문이다.

대체에너지 사용, 자원 재활용에 대한 기술들은 많이 나와 있다. 그러나 이들의 적용이 더딘 이유는 이러한 기술을 이용한 생산이 일반적인 기술을 이용하는 것보다 많은 비용을 지출해 기업들의 실적에 부담으로 작용하기 때문이다. 법률상으로 정해진 환경규제를 지키는 것만으로도 사네 못 사네 하는 제조업계에 두 마리 토끼를 다 잡겠다고 나선 경영자가 있었다.

《인터페이스》
세계최대 카펫 타일 제조업체의 환경 경영

카펫 타일의 성공, 환경문제가 양심에 걸리다

1970년대 초 카펫 제조업체 디어링 밀켄 엔 컴퍼니(Deering, Milliken & Company)에서 엔지니어로 일하던 레이 앤더슨(Ray Anderson)-은 국제 컨퍼런스에 참가했다가 카펫 타일(Modular Carpet)을 처음으로 접하게 된다.

통상적으로 서구의 오피스에는 대형 카펫이 깔려왔다. 카펫의 사용은 소음방지뿐 아니라 아늑하고 격조 있는 사무실 분위기를 만들어 주기 때문이다. 그러나 카펫의 사용에는 사무실 배선공사나 특정 부위 손상 시 전체를 갈아야 하는 불편함과 비효율성이 수반되었다. 후일 개발된 카펫 타일은 특정 부위만을 잘라내 교체할 수 있어 이전의 카펫보다 이용 효율성이 뛰어났다.

하지만 초창기 카펫 타일은 고급스럽지 못한 것으로 받아들여졌고 고객들의 거부감이 예상되었다. 기존 시장 참여자들이 이 새로운 시장에 뛰어드는 것을 망설이고 있을 때 레이 앤더슨은 카펫 타일에 업계의 미래가 있다고 믿었다. 그리고 그는 자신의 모든 것

레이 앤더슨, 1934~2011

을 이 사업에 걸기로 결심했다.

1973년 앤더슨은 14년간 다니던 회사를 그만 두고 15명의 직원과 함께 새로운 카펫 타일 회사를 창업한다. 동료들은 그의 결정을 무모한 도전이라며 비웃었다. 그리고 15년 뒤, 인터페이스(Interface)라 개명한 앤더슨의 회사는 지구상에서 가장 큰 카펫 타일 제조업체가 되었다.

그의 카펫 타일은 하자가 발생했을 때나 배선공사가 필요할 때 전체를 갈아야 하는 일반 카펫에 비해 부분 교체가 가능해 효율적으로 사용될 수 이점이 있었다. 그러나 카펫 타일은 거의 100% 석유화학 제품으로 제작되었고 공정에서는 항상 많은 화석연료가 사용되었다. 염색, 접착 등의 과정에서도 많은 화학처리를 필요로 했기 때문에 회사를 화학업체로 보아도 무방할 정도였다.

사업은 날로 번창해 갔지만 앤더슨의 마음은 편하지 않았다.

농촌에서 항상 자연을 접하며 자란 그의 마음에 자연 파괴에 대한 자책감이 들기 시작한 것이다.

한 권의 책, 인생을 바꾸다

1994년 60세가 된 앤더슨은 환경 친화적 제품을 생산해 달라는 고객들의 주문을 받아들여 사내에 친환경 제품 생산을 위한 태스크포스(이하 TF, 일명 프로젝트 팀) 구성을 지시한다.

당시 TF 구성 기념 연설을 준비하던 앤더슨에게 누군가가 폴 호킨(Paul Hawken)의 《비즈니스 생태학(The Ecology of Commerce)》이라는 책을 주었다. 이 책을 읽던 그는 '가슴을 창에 찔리는 듯한' 큰 충격을 받는다. 자신이 해오던 사업이 인류와 다른 생명들의 멸종을 불러올 수 있는 일이란 것을 인식한 것이다.

책을 읽은 후 앤더슨은 자신이 세운 회사가 환경 파괴를 일으키고 있는 주범이 되고 있다는 생각을 참을 수가 없었다. 그는 단숨에 환경문제를 해소할 수는 없지만 자신이 할 수 있는 한에서는 최선을 다해야 한다고 결심했다. 지속가능성을 강조한 환경친화 경영을 무슨일이 있어도 해야만 하는 도덕적 '의무'로 보게 된 것이다.

앤더슨은 2020년까지 자신의 회사 인터페이스가 생산하는 모든 제품을 재생 가능한 제품으로만 제작하고 어떤 온실가스나 폐기물도 내놓지 않게 하겠다는 비전 미션 제로(Mission Zero)를 발표했다. 이를 위해서는 인터페이스가 생산하는 제품들이 이전까지 사용되던 화석연료가 아닌 탄수화물 중합체(carbohydrate polymer)와 재생 카펫 조각들로만 만들어져야 했다.

앤더슨은 인터페이스가 환경 친화 경영에 성공한다면 사회의 바람직한 롤 모델이 될 것이라 보았다. 그러나 그가 바랐던 몇몇 기술들은 상당수가 당시에는 존재하지 않았다. 앤더슨의 환경 친화 경영 아이디어의 성공 가능성을 낮게 본 주변에서는 무모한 시도라며 그를 만류했다. 하지만 그는 인내심을 갖고 회사의 이해관계자들을 실득해 나갔나.

앤더슨이 신설된 태스크포스 멤버들을 모아 자신의 생각을 이야기했을 때 참석한 임직원들의 반응은 부정적이었다. 너무 순진한 게 아닐까. 저러다 회사 망하면 어떡하나. 일부 임직원들은 앤더슨을 걱정스런 눈빛으로 바라보기도 했고 일부는 CEO가 제정신이 아니라고 생각했다.

임직원들의 냉소와 저조한 참여로 TF 회의가 거의 실패로 귀결될 무렵, 임직원 사이에서 신망을 얻어 온 직원 하나가 일어나 말했다.

"나는 지금까지 수십 년 간 가족을 부양해야 한다는 명분 아래 (환경에 관한) 타협에 타협을 거듭하며 살아 왔습니다. 하지만 지금

인터페이스의 카펫 타일이 깔린 학교
(출처 : 인터페이스 IR자료)

까지 내 마음이 편했던 적은 한 번도 없었습니다. 만약 우리가 이 작업에 성공한다면 다른 어떤 회사도 따라 할 수 있습니다. 난 이 작업에 동참해 최선을 다 하고 싶습니다."

앤더슨은 그 직원의 이 한 마디가 TF의 분위기를 바꾸었다고 회고한다. TF 설립 취지와 목표에 공감하는 사람이 늘어가면서 '할 수 있다'라는 분위기가 확산되기 시작한 것이다. 일을 통해 공익에 기여할 수 있다는 직업적 자긍심은 임직원의 사기를 고양시켰고 TF는 환경오염 절감 아이디어들을 과감하게 구체화 시켜 나갔다.

자세히 보면 필요한 것이 보인다

환경 친화 경영이 선포된 후 어느 날 인터페이스의 한 엔지니어는 조지아주 쓰레기 매립지에서 엄청난 양의 메탄가스가 발생하고 있다는 것을 알게 된다. 그는 쓰레기 처리장이 소재한 시의 담당자에게 전화를 걸어 쓰레기 매립지의 가스를 인터페이스의 공정에 사용할 수 있겠는가를 물었다. 혐오시설인 쓰레기 매립지에서 재원이 발생할 수 있다니 지방정부 입장에서 이러한 제안을 거부할 리는 만무했다.

공무원들과 인터페이스는 공동으로 쓰레기 매립지의 가스 개발을 시작했다. 시는 3백만 달러를 들여 쓰레기 매립지와 인터페이스 공장을 연결하는 메탄 파이프라인을 건설했다. 그리고 인터페이스는 5만 달러를 추가해 메탄가스를 이용할 수 있는 보일러와 열 리사이클링 시스템을 설치했다.

결과는 모든 참여자들이 윈-윈 하는 결과를 가져왔다. 시는 향후 40년간 현재가치로 3천5백만 달러에 달하는 수입을 올리게 되었으며 인터페이스는 시중 천연가스보다 30% 낮은 가격에 연료를 조달할 수 있었다. 메탄가스 대기방출을 줄여 환경 오염 절감에 기여했음은 물론이다.

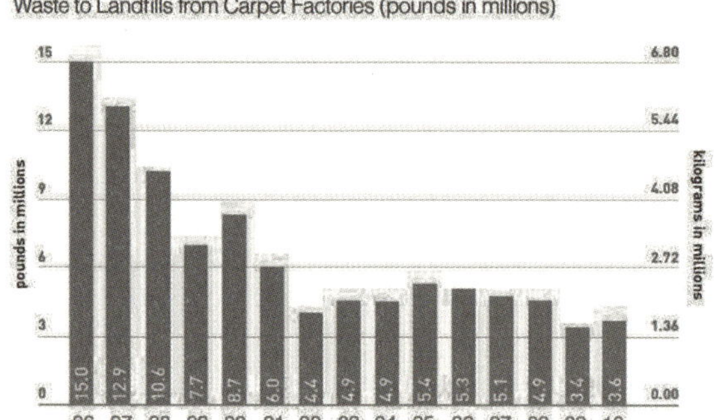

인터페이스 공장에서 생산된 폐기물의 양
(출처 : 인터페이스 홈페이지)

준비된 자에게 기회는 온다

캘리포니아 주립대학(University of California)이 2천만 달러 규모의 카펫 입찰을 실시했을 때 학교 측은 입찰한 업자들에게 질의서를 보내왔다. 수십 페이지에 달하는 질의서 중에는 환경과 관련해 적정 설비를 갖추고 있는가에 대한 질문이 포함되어 있었다. 인터페이스는 질의서에 대한 응답을 했고 켈리포니아 주립대학은 입찰한 업자들을 대상으로 실사를 실시했다.

"젠장, 이건 진짜군요!(Damn, it's real!)"

인터페이스의 공장설비를 둘러본 실사단이 탄성을 자아냈다. 경쟁사들보다 10년 이상 앞서 환경오염 저감 설비를 구비했던 인터페이스는 결국 2천만 달러의 납품 계약을 따내게 된다.

2007년 인터페이스는 온실가스 배출 비율을 1995년 대비 92% 감소시켰고, 물 사용량을 75% 줄였다. 그리고 7만 4천 톤의 폐카펫을 재활용했으며 재료의 25%를 재활용품으로 대체했다.

불가능? 생각을 바꾸면 가능하다

흔히늘 진환경 경영은 경제성이 떨어신다고 생각한나. 그러나 앤더슨은 친환경 사업을 통해서도 적정 수준의 이익을 확보할 수 있는 방법이 있다고 믿었다. 생각을 바꿔 본질을 바라보면 불가능은 없다고 믿은 것이다.

앤더슨이 큰 비용을 들여 회사 에너지원의 6%를 태양광으로 대체하겠다고 이야기했을 때 회계부서 반응은 부정적이었다. 원가 상승에 따른 생산품의 가격 경쟁력 하락을 우려한 것이다. 그러나 마케팅 부서의 반응은 달랐다.

"태양으로 만든 카펫(Solar made carpet)이란 이름으로 제품을 내놓으면 되겠군요."

지속가능성의 경영, 실적에도 플러스 작용

처음 앤더슨의 친환경정책은 회사의 경영에 부담을 줄 것으로 우려되었다. 친환경정책이 추진되던 당시 대규모 설비 투자를 요하는 사업 특성상 인터페이스는 4억 달러가 넘는 차입금을 사용하고 있었다. 한두 번의 경영 실패는 회사의 부실로 이어질 우려가 있었다.

그러나 무모해 보였던 그의 결정은 회사와 환경에 모두 좋은 결과를 가져왔다. 인터페이스는 폐기물 처리와 불량률을 감소시킴으로써 연구개발(R&D) 및 프로세스 개선 비용을 제하고도 15년간 4억 달러의 비용을 절감했다.

친환경 정책 발표 이후 회사의 매출은 2/3 이상 증가했고 순이익은 2배 이상으로 증가했다.

2000년부터 2003년 사이의 경기침체 기간 동안 인터페이스의 매출은 17퍼센트 감소한다. 그러나 같은 기간 동안 시장 전체 규모는 36퍼센트 감소한다. 적극적 비용 절감을 통해 경기침체의 타격을 최소화한 인터페이스는 이 기간 동안 시장 점유율을 늘릴 수 있었다.

그 결과 인터페이스는 2004년 이후 빠른 매출 신장을 기록했다. 친환경정책을 발표하던 1994년 인터페이스의 수익성을 나타

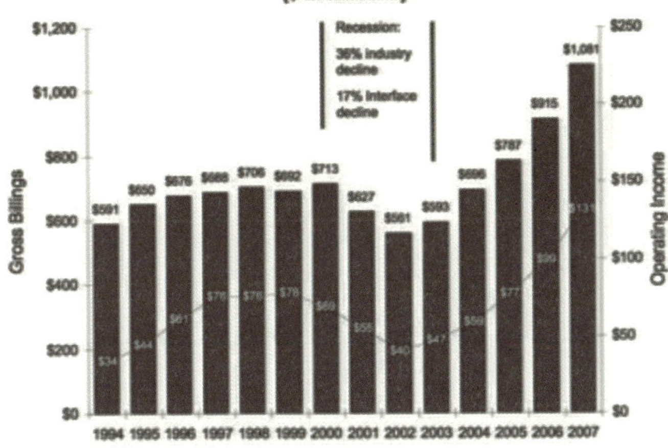

인터페이스 매출 및 영업이익 추이

http://www.ted.com/index.php/talks/ray_anderson_on_the_
business_logic_of_sustainability.html

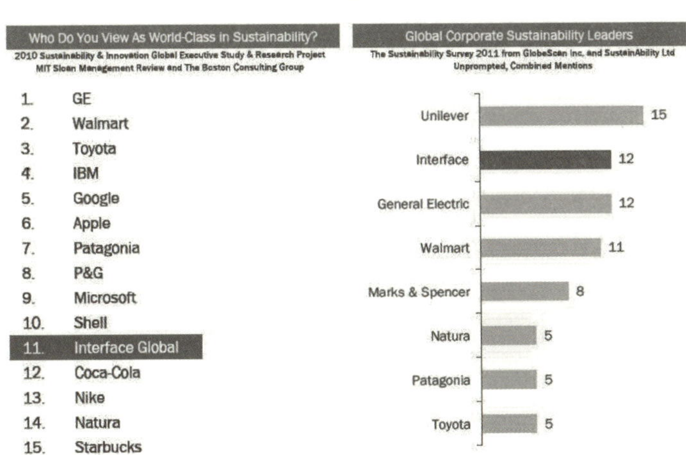

***2010년 글로벌 지속가능성 순위**　　***2011년 지속가능성 지수 조사**

(인터페이스 IR 자료 인용)

내는 영업이익은 6퍼센트 미만이었지만 2007년 12.4퍼센트로 증가했다. 폐기물 처리 비용 절감과 적극적 재활용 노력 덕분이었다 (친환경 정책 시행 후 10년간 인터페이스 영업이익의 28%가 오로지 폐기물 처리 비용 절감에서 나온 것으로 조사되었다).

인터페이스는 포춘(Fortune)지에 의해 미국에서 가장 존경 받는 회사로 선정되었으며, 미국에서 가장 일하고 싶은 100대 기업에 포함된 바 있다.

인터페이스는 사업을 통한 사회 기여의 힘은 그 영향력이 막대하다는 것 또한 보여줬다.

친환경 경영을 추진하면서 인터페이스는 자신들과 같이 폐기물 절감 작업에 동참하는 업체들과만 거래하겠다고 거래처들에 공표했다. 거래처들의 규모는 인터페이스보다 10배 심지어 30배가 컸지만 인터페이스와의 거래를 놓치지 않기 위해 인터페이스가 제시한 환경 기준 준수를 약속하기 시작했다. 거래처들이 하나 둘 동참하면서 인터페이스는 결국 산업 전반의 변화를 이끌어냈다.

14년 후인 2009년 앤더슨은 자신이 1990년대 중반에 세웠던 친환경 비전 미션 제로에 인터페이스가 중간 정도 도달했다고 발표했다. 인터페이스의 친환경 정책 성공스토리가 전해지면서 CEO 앤더슨과 인터페이스는 성공적 환경 스토리로 유명세를 타게 된다.

CEO인 앤더슨은 미국 최고 경영자상(Greatest Businessman in America)과 12개의 명예박사를 포함하여 다수의 단체들이 주는 상을 수상했다. 그리고 인터페이스는 «CRO Magazine»의 100대 최고 기업시민명단(100 Best Corporate Citizens List)에 3년간 등재되고, 2006년 국제 설문업체 글로브스켄(GlobeScan)에 의해 기업 지속가능성 분야 1위 업체로 선정되었다.

월마트(Wal-Mart) 등 유수의 기업에서 인터페이스로 벤치마크를 위한 조사단을 파견할 만큼 인터페이스는 미국 기업사회의 귀감으로 사리매김한다.

앤더슨은 '석유화학 제품으로만 제품을 만들던 인터페이스가 기업이익과 환경을 조화시킬 수 있다면 이는 모두가 할 수 있는 일이다. 환경에 무관심하다면 미래의 아이들에게서 좋은 자연환경을 도둑질 하는 것과 같다' 등의 메시지를 전하며 2011년 암으로 사망하기 직전까지 적극적 대외 활동을 통해 개인과 기업들의 동참을 호소했다.

앤더슨은 많은 사람들이 흔히들 극단적 이기주의와 이타주의 두 가지 길만을 말하는 실수를 범한다고 이야기했다. 그는 이 둘 사이에 모두가 행복할 수 있는 세 번째 길이 있다고 주장했다. 한 개인 또는 기업이 모든 것을 한 번에 바꿀 수는 없지만 자신이 처해 있는 상황에서 경제적, 윤리적 기준을 충족시키기 위해 최선을 다 한다면 세상은 나아질 수 있다고 그는 생의 마지막까지 외쳤다.

«인텔», «나이키», «HP»
글로벌 기업들의 친환경 경영 사례

세계 최대 비메모리 반도체 메이커 인텔은 2009년의 경기침체 상황에서도 에너지 효율 개선 프로젝트에 투자 의사를 밝혔다. 인텔은 2001년 이후 그린 에너지 사용을 위해 2천3백만 달러를 투자한 결과 같은 기간 내 5천만 달러의 연료 비용 지출을 절감한 바 있다.

나이키는 독성물질 사용을 줄이는 생산방식을 적용해 환경오염을 줄이면서도 실적 개선을 이루어냈다. 새로운 생산 방식을 적용한 결과 오염물질 배출이 66% 감소했고, 에너지 사용량도 33% 감소해 비용 절감을 이룰 수 있었다.

HP는 IT기업들이 지속가능 경영에 관심이 없던 때부터 친환경 경영을 해 온 기업으로 유명하다. HP의 에너지 효율성은 2005~2007년 사이 큰 폭으로 개선되었고, 이 같은 노력을 통해 HP는 친환경 기업으로 소비자들에게 인식되며 브랜드 가치를 높일 수 있었다. [1]

---

1. «The Economist» (2009.5), «매일경제» (2011.10) 인용

《스타벅스》
거래처 이해관계자 경영

거래처 평판이 좋을수록 우수한 브랜드

1990년대 서구에서는 윤리 소비자 운동이 급속도로 발전했다. 윤리 소비자 운동이란 재화와 용역을 소비함에 있어 얼마나 올바른 방법으로 생산된 것인가를 고려하는 소비 행위를 말한다.

1993년 NOP라는 기관이 실시한 여론조사에서 설문에 응한 성인 중 68%가 제3세계의 농부나 근로자를 공정하게 대우함으로써 생산된 생산품을 기꺼이 구매할 것이라고 말했다. 이는 시실상 평균저인 소비자가 25% 이상 비싼 가격에 물건을 소비해야 함을 의미하지만 소비자들이 기꺼이 대가를 치를 용의가 있다는 뜻으로 해석되었다.

B2B 마케팅,
다양한 이해관계자들의 반응과 브랜드

마케팅의 거장이라 불리는 미국 노스웨스턴 대학의 필립 코틀러 교수는 기업의 평판과 기업 시민의식이 해외 사업 운영 능력이나 소비자 구매 행위에 영향을 준다고 설명한다.

다양한 이해관계자(노동자, 소비자, 하청업체)의 관심사에 대해 반응하며 사업을 수행하는 기업일수록 우수한 브랜드 이미지를 갖출 수 있고 직원들의 강한 충성을 유도할 수 있다는 것이다. [1]

1. «B2B브랜드 마케팅», p.418

《스타벅스》
하워드 슐츠의 실험

오지랖이 넓은 기업이 좋은 기업?

2007년 서브프라임 문제로 촉발된 금융위기는 대형 금융사들의 부실로 이어졌다.

자국 경제 붕괴를 막기 위해 안간힘을 쓰던 각국 정부들은 적극적 재정팽창과 양적완화조치를 취해 연쇄적인 금융 시스템 붕괴를 막는다. 하지만 이 과정에서 상당수 국가들의 국가 채무가 급속도로 증가했다.

이후 통계수치 왜곡으로 숨겨져 있던 그리스의 국가 부채 규모가 위험 수준에 도달했다는 사실이 드러나면서 유럽 국가들의 부도위기설로 2011년 세계는 다시 한번 유럽발 금융위기에 휘말린다.

국가 부채 문제에 있어 미국이라고 예외는 아니었다. 미국 정부의 부채 규모는 이라크 전쟁으로 금융위기 이전부터 상당 규모로 증가해 있었다. 금융위기 극복 과정에서 부시, 오바마 양대 정권이 감행했던 재정지출로 국가 순부채 규모는 더욱 상승해 2011년에는 정부 채무 한도인 GDP의 100% 수준까지 상승했다.

이전까지 미국 국가 채무는 증액이 필요한 경우 민주-공화당 간 합의로 수월하게 증액되어 왔다. 그러나 2011년의 경우는 이전과 달랐다. 양당 간의 대립이 발생하면서 관련 처리가 지연된 것이다.

국가채무한도 증액 후 부채 축소 방안에 있어 '중산층과 서민을 위한 정당'임을 내세우는 집권 민주당은 장기적으로 부채 축소를 위한 증세를 주장한 반면, '작은 정부'를 모토로 삼는 공화당은 당론인 정부 지출 축소를 밀어 붙였다.

민주 공화 양 당이 중장기적 부채 축소 방안에 대한 의견차를 좁히지 못하는 가운데 협상 만료 시한이 다가오자 금융 시장에서는 미국 정부가 부도를 낼 수 있다는 루머가 확산되기 시작했다.

2011년 7월 31일 민주당의 버락 오바마 대통령과 공화당 의회 지도자들은 2.4조 달러의 부채한도 상향조정과 중·장기적 정부 지출 축소에 대해 극적으로 합의한다. 그러나 8월 5일 청천 벽력같은 소식이 글로벌 금융가를 강타한다.

국제적 신용평가사 S&P가 미국의 국가신용등급을 S&P가 국가 신용등급 부여를 시작한 이래 최초로 AAA에서 한 등급 아래인 AA+로 하향조정하며 신용등급 추가 하향 조정을 암시하는 '부정적' 등급전망을 부여한 것이다.

토론토에서 발표된 S&P의 보고서는 미국 정가에 대한 실망과 경고의 메시지를 담고 있다. 미국 정부의 반박과 학계, 금융계의 즉각적인 반론이 뒤를 이었지만 실망감에 시장에서는 매물이 속출했다. 국가 부도 위기를 눈앞에 둔 상황에서도 당리당략에 몰두했던 미국 정치인들에 대한 실망의 목소리가 높아만 갔다.

이러한 상황에서 한 유명 기업가가 '미국 정치인들이 경제 문제를 해결할 때까지 정치 헌금을 하지 말자'는 캠페인을 벌이기 시작한다.

정경유착이 강한 사회라면 정치권에 대한 이런 도발적 행동에는 으레 세무조사가 따르기 마련이다.

정말 털어서 먼지 날 것이 없다는 듯, 이런 행동을 감행한 대담무쌍한 기업가는 바로 스타벅스(Starbucks)의 CEO 하워드 슐츠(Howard Schulz)이다.

슐츠는 동료 기업가들에게 "기업들이 최근 너무 위험 회피적으로 변해 성장해야 할 소중한 기회를 놓치고 있다. 기업가들이 일어나 워싱턴이 미국 경제를 침체의 회오리 속으로 끌고 들어가지 않도록 막아야 한다."고 주장했다. 정치권에 대한 실망감이 극에 달한 상황에서 슐츠의 주장이 미디어를 통해 소개되자 크고 작은 기업의 경영자 150명이 그와 뜻을 함께 해 정치권에 헌금을 중단하겠다는 뜻을 전달했다.

숄츠는 한 발 더 나아가 미국 실업문제 해소에도 발 벗고 나섰다. 2011년 미국의 실업자 수가 1,400만을 넘어서자 숄츠는 그 동안 축적한 재무적 역량을 모두 동원해 고용 문제 해소에 기여하겠다고 결심했다. 심각한 고용 문제 해소를 위해 스타벅스는 2011년 수백 개의 신규 매장을 오픈해 3,500개의 신규 일자리를 창출하겠다고 발표했다.

이어 2011년 10월 3일 스타벅스는 보유한 현금 5백만 달러를 종자돈 삼아 크리에이트 잡스 포 유에스에이(Create Jobs for USA : 미국을 위해 고용창출을)라는 고용 창출 캠페인을 시작했다. 매장에서 빨강, 파랑, 흰색으로 이루어진 손목 밴드를 어퍼튜너티 파이넨스 네트웍(Opportunity Finance Network)이라는 고용 창출 기금 마련을 위해 판매하기 시작한 것이다. 어퍼튜너티 파이넨스 펀드(Opportunity Finance Fund)는 일종의 매칭 펀드로서 고용주가 고용 창출을 위해 일정 부분을 부담하면 그에 상응하는 만큼 펀드가 고용 보조금을 제공하도록 되어 있다. 그리고 다음날 숄츠는 뉴욕과 LA 등의 대형 도시의 빈민 거주지역에서 빈민 지역 그룹들과 이익 배분 파트너십을 출범시켰다.

오지랖도 세상 이런 오지랖이 없다.

시가총액이 400조원에 달하는 훨씬 큰 미국 정유사 엑손 모빌도 안 하는 일에 고작(?) 시가총액 30조원에 불과한 스타벅스가 이렇게 발 벗고 나서는 이유는 뭘까?

하워드 슐츠(Howard Schulz)

스타벅스와 슐츠

최근 우리 주변에 등장한 말로 '커피를 뽑다'라는 말이 있다. 자판기 커피를 뽑는다는 뜻이 아니다.

고온 고압의 승기를 분쇄한 커피가루 사이로 통과시켜 다양한 커피의 원재료가 되는 에스프레소를 뽑는다는 뜻이다. 값 비싼 전용 에스프레소 기기를 통해 생산되는 에스프레소는 질 좋은 원두를 잘 건조시킨 후 볶은 뒤 소량을 사용 직전 분쇄하여 고압의 증기를 그 사이로 통과시켜 만들어지기 때문에 대량생산되는 인스턴트 커피나 뜨거운 물을 갈려진 커피가루 사이로 내리는 드립 커피보다 한층 깊은 맛과 향을 낸다. 또한 고객의 기호에 맞게 라떼나 아메리카노 등의 음료로 변환시켜 마실 수 있어 많은 인기를 끌고 있다.

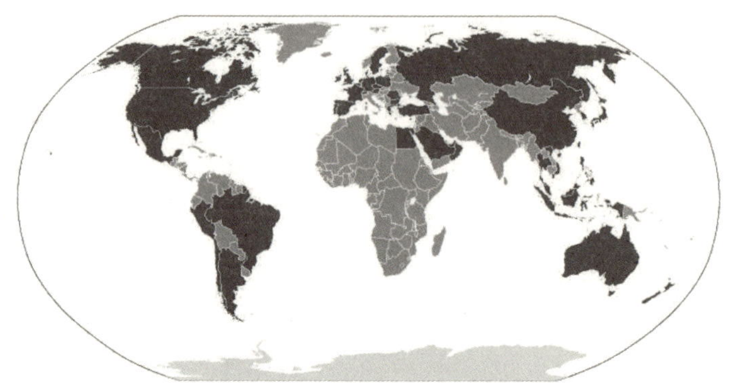

스타벅스 진출 국가 현황 (출처 : Wikipedia)

스타벅스라는 상호는 1971년 시에틀에서 교사였던 제리 볼드 원, 제브 시걸, 작가였던 골드윈 부커 세 사람에 의해 창업되었다 (스타벅스는 소설 모비딕에 나오는 케릭터 스타벅에서 따왔다).

1982년 커피 맛에 반한 하워드 슐츠가 고학을 마치고 힘들게 잡았던 안정적 직장을 나와 소매점 운영 및 마케팅 책임자로 스타 벅스에 합류했을 때만 해도 스타벅스는 봉투에 원두나 원두를 갈 아 만든 가루를 담아 파는 커피 매장 네 개와 로스팅 공장 하나를 가 진 작은 커피 제조업체에 불과했다.

1983년 이탈리아 밀라노에 출장을 갔던 슐츠는 바리스타와 손 님 간의 교감과 진한 커피 향의 채취로 채워진 커피전문점의 분위 기에 매료된다.

1980-90년대 까지만 해도 미국인들에게 독서를 하거나 모임

을 가질 수 있는 공간은 도서관과 레스토랑 밖에는 없었다. 이탈리아의 커피 전문점들에서 휴식공간, 바리스타와 고객 간의 교감이 이루어지는 공간으로서 커피 바의 가능성을 확신하게 된 슐츠는 복귀 후 미국에도 그와 같은 커피 바를 만들 것을 경영진에게 제안한다.

끝내 뜻이 받아들여지지 않자 1986년 그는 결국 독립을 감행해 시에틀에 '일 지오날레'라는 커피 바를 만들어 성공시키고 투자가들의 도움을 받아 스타벅스를 인수한다.

슐츠의 도전은 엄청난 성공으로 돌아온다. 스타벅스는 전 세계 57개 국가에서 1만 7천여 매장을 통해 13만 7천명을 고용하고 (2010년 기준), 우리나라 돈으로 10조원이 넘는 연간매출을 창출하는 글로벌 커피 체인으로 발전했다.

공정거래 커피에 대한 천착

공정거래 커피 사용이 없다면 스타벅스는 단지 하나의 성공한 커피 체인의 하나일 뿐일 것이다.

슐츠는 사업을 수익과 사회적 책임 간에 조화를 이루도록 노력하는 행위로 보았다. 뉴욕 빈민가에서 성장한 슐츠는 참전 영웅이었지만 노동자로 생을 마쳤던 아버지의 생애를 통해 빈곤층의 어려움을 누구보다도 잘 이해하고 있었다.

그는 스타벅스의 영업이 커피 재배 농가에 이로움을 주는 행위가 되어야 한다고 생각했고, 이익과 사회적 책임을 조화시켜가며 스타벅스를 발전시킬 수 있다고 믿었다.

2008년 스타벅스가 맥도널드, 던킨 도넛과 같은 대형업체들과의 경쟁으로 실적 저하에 빠지자 이사회 의장으로 물러나 있던 슐츠는 다시 CEO로 복귀한다. 그는 초창기 스타벅스가 제공했던 품질 좋은 커피를 정성들여 제공하는 서비스를 다시 구현하기 위해 노력했다.

2008년 스타벅스는 경영효율성 재고를 위해 미국 내 600개 직영 매장을 폐쇄하는 과감한 구조조정을 실시했다.

스타벅스의 구조조정은 1만 2,000명의 해고를 동반했다. 창사 후 적자에 허덕일 때부터 의료보험과 스톡옵션을 주 20시간 이상 근무하는 파트타이머를 포함한 전 직원에게 부여할 만큼 임직원 복지에 적극적이었던 스타벅스로서는 고통스러운 결정일 수밖에 없었다.

사실 턴어라운드 전략으로 고통스러운 해고만 있었던 것은 아니다. 당시 스타벅스 입장에서 가장 손쉬운 방법은 원재료 구매 가격을 낮추는 방법이었다. 그러나 CEO로서 비난의 화살을 받고 있던 슐츠는 값싼 원두를 사용하라는 주위의 조언을 받아들이지 않았다.

품질을 낮추어 실적 개선을 만들어 내는 것은 미봉책에 불과하며 기업으로써 스타벅스의 가치는 윤리적인 공정으로 생산되는 세계 최고 품질의 커피를 제공하는데 있다고 보았기 때문이다.

스타벅스의 공정무역 커피 사용이 본격화된 것은 2000년 대 초반으로 거슬러 올라간다.

커피 재배는 고된 노동을 요하는 일이어서 커피를 팔아 꾸준히 수익을 내는 것은 예전부터 쉽지 않은 일이었다. 전부터 농부들은 원두를 판매한 뒤 충분한 대가를 받지 못하거나, 사업을 하기 위해 대출을 받을 때 터무니없이 높은 이자를 요구 받았다. 소비자가 커피를 사면서 지불한 돈이 농부에게는 한 푼도 가지 않고 중간 상인들에게만 배분되는 경우도 빈번했다.

2001년 스타벅스는 컨서베이션 인터내셔널과 구매 프로세스에 대한 포괄적 가이드라인을 만들었다. 그리고 이 가이드라인을 토대로 하는 C.A.F.E 프랙티스라는 검증 프로그램을 만들었다.

스타벅스는 자사와 거래하고자 하는 커피 공급업자들에게 이 프로그램이 요구하는 대로 환경적, 인도주의적 기준 들을 충족시킬 것을 요구했다. 공급자들이 생산, 판매 과정과 관련된 자료를 공개하면 독립된 검사관들이 스타벅스가 제시한 노동자 권익 보호, 수자원 오염 유발 여부, 에너지 보존 기준 준수 여부 등을 확인해 검사를 통과한 업체에만 납품권한을 주었다. 거래처 입장에서는 자료 증빙에 대한 부담이 따랐지만 스타벅스가 구매하는 커피에 대해 높은 가격을 지급했기 때문에 많은 농가들의 자발적 참여가 이어졌다.

스타벅스가 농부들에게 더 높은 가격에 커피를 사오려면 고객들이 기꺼이 더 많은 돈을 지불할 우수한 제품을 내놓아야 한다. 그러기 위해 스타벅스는 높은 품질 기준을 설정했다. 그리고 커피 부서와 글로벌 책임 팀의 협력, 페어트레이드 및 컨서베이션 인터내셔널과의 제휴를 통해 커피 재배 농가에 대한 지원을 강화했다

스타벅스는 현재 코스타리카와 르완다에 농부 지원센터를 운영 중이다. 이곳에서는 농부들로 하여금 커피 수확을 늘리고 생산되는 커피의 품질을 높일 수 있도록 돕는다. 지원센터의 도움을 받은 농부들 중 일부는 비료에 들어가는 비용을 80% 줄이고 수확량은 20-30퍼센트 가량 늘렸다.

또한 스타벅스는 커피 농가를 대상으로 한 대출 프로그램도 운영 중이다. 스타벅스는 커피 농가를 대상으로 한 대출 자금을 현 1,250만 달러에서 매년 확대해 2015년까지 2천만 달러로 늘리겠다고 약속한 바 있다.

2009년 스타벅스가 구매한 원두 가운데 공정거래 인증인 C.A.F.E 프렉티스의 검증을 거친 제품의 비율은 81 퍼센트이다. 2009년 스타벅스는 1만 8,144톤의 공정무역 커피를 구매해 세계 최대의 공정무역(Fair Trade) 커피 구매자가 됐다. 스타벅스는 2015년까지 자사가 판매하는 커피의 100 퍼센트를 윤리적 거래를 통해

구매하겠다고 서약했다.

스타벅스는 환경오염 방지에도 열심이다.

스타벅스는 미국과 케나다의 매장에서 사용하는 1회용 커피잔을 재활용 섬유가 10퍼센트 포함된 원료로 만들고 있다. 이는 연간 7만 8천 그루의 나무를 구하고 고형 폐기물을 약 1,300톤 줄이는 효과를 낸다. 또한 에토스 생수 한 병이 팔릴 때마다 5센트씩을 적립해 세계 어린이들에게 깨끗한 식수를 공급하는데 수익이 사용되도록 하고 있다.

2008년 스타벅스의 경영이 위기에 봉착하자 이사회 의장에서 다시 CEO로 복귀한 슐츠는 '원칙으로 돌아가자.'라는 모토 아래 고통스런 구조조정과 비용절감을 통해 2010년 최고의 경영 성과를 이루어냈다.

슐츠는 자신이 뉴욕 브루클린 빈민가에서 자라 (지금은 존재하지 않는) 아메리칸 드림을 이룬 운 좋은 세대의 한 사람이라고 누차 말해 왔다. 위기의 상황에서 미국 경제 회복과 고용창출을 위해 발벗고 나선 휴즈의 도전이 어떤 결과를 낳을지 기대된다.

공정거래 커피,
Cafedirect의 거래조건

공정거래 생산품의 조건

· 소규모 농부들을 위한 지역 민주주의 원칙에 입각할 것

· 노동조합운동을 허용하고 지원할 것

· 아동이나 성인에 대한 강제 노역이 없을 것

· 쾌적한 환경 조건을 갖추고 건강과 안전 기준을 마련할 것

공정거래 조건

· 생산 원가를 보장하는 가격

· 사회와 비즈니스 발전 프로그램에 투자하는 사회 장려금

· 근로자들이 빚을 지지 않도록 하기 위한 대금 선불 조건

· 지속적인 생산을 가능케 하기 위한 장기적 관계 수립 [1]

---

1. 《사회책임투자, 세계적 혁명에서》 발췌. p.91

«도요타»
와타나베 가쓰야키 사장

지나친 비용절감이 화근이 됐다

위기 상황에서 품질을 높여 턴어라운드를 만들어 낸 스타벅스와 대척점에 놓인 업체가 지난 수년간 품질 문제로 홍역을 치른 일본의 자동차회사 도요타이다.

2009년 11월말 도요타 자동차는 가속페달이 운전자에 의해 밟힌 후 바닥매트에 끼여 제자리로 돌아오지 않는 문제로 사고가 발생한 데 대한 책임을 지고, 가속페달과 바닥매트 문제 해결을 위해 미국에서 자사의 8개 차종 426만 대에 대한 리콜을 실시했다. 이듬해 1월에는 가속페달 문제로 230만 대, 바닥매트 문제로 109만 대에 대한 추가 리콜을 실시한데 이어 미국 내에서 리콜 대상 차종의 생산과 판매를 일시적으로 중단했다.

문제는 미국시장에 한정되지 않았다. 2010년 1월 도요타는 중국 내에서 7만 5천대의 차량에 대해 리콜을 실시했고 유럽에서도 180만 대의 리콜을 실시했다. 사태가 일파만파로 커지자 미국 하원에서 리콜 사태 관련 공청회가 열렸다. 미국 고속도로 교통안전국은 가속페달 결함신고 보고서 제출을 요구했다. 도요타에 리콜된 자동차의 수는 세계에서 800만대를 훌쩍 넘어섰고 품질 경쟁력을 자랑해 왔던 도요타의 브랜드 가치는 큰 폭으로 하락했다.

도요타의 품질 문제는 도요타가 업계에서 워낙 우수한 품질을 자랑해 왔기 때문에 더욱 큰 충격으로 다가왔다. 도요타는 도요타생산방식(TPS)[1]이라 불리는 철저한 품질관리로 글로벌 자동차 시장을 선도해 왔던 업체였기 때문이다. 그러나 2009년 마침내 GM을 제치고 세계 최대의 자동차 시장인 미국에서 1위로 발돋움했던 도요타에게 다가온 이러한 시련을 필연으로 본 시각도 많아 눈길을 끈다.

도요타에게 문제를 일으킨 원인은 두 가지로 요약된다.

첫째는 지나친 해외 아웃소싱 확대였다.

대규모 리콜사태의 원인이었던 가속페달은 도요타가 캐나다에 소재한 부품업체 CTS에 설계를 전적으로 의존한 것이었다. 직접 품질관리를 실시했어야 하는 도요타는 생산된 제품을 승인하는데 그쳤다.

환위험 헤지와 일본 내 인력부족 문제를 해결하기 위해 확대했던 현지 공장의 품질 관리 또한 제대로 이루어지지 않았다. 한국자동차산업연구소(2009)의 '도요타 쇼크의 원인과 전망'에 따르면 도요타 텍사스 공장 작업자들의 능력 수준은 5단계 등급 가운데 최하등급인 1단계 작업자 비중이 70%에 달했다고 한다.

---

1. 도요타생산방식(TPS) : 끊임없는 품질개선과 부품의 적시공급을 핵심으로 하는 도요타의 생산 철학, Just-in-time, 개선(改善, kaizen), 혁신(革新) 방식 등을 포괄.

둘째는 지나친 비용절감이다.

자동차의 기획, 구매, 설계는 판매 시점보다 최소 3~4년 전에 이루어진다. 따라서 2009년의 자동차 결함문제의 원인은 수년 전으로 거슬러 올라가야 한다.

1964년 도요타에 와타나베라는 꼼꼼한 청년 한 명이 입사한다. 회사 식당 관리자로 일할 때에도 선호하는 음식 별로 직원들을 분류하고 티켓을 배부해 음식이 낭비되는 것을 철저히 통제했을 만큼 비용절감에 민감했던 그는 특유의 부지런함을 인정받아 총무, 광고, 비서실, 경영기획실 등 요직을 두루 거쳤다. 90년대 초반 구매부서에 배치되었을 때 와타나베는 도요타와 타사의 경쟁모델을 철저히 비교 분석해 부품의 가격을 비교했다. 그리고 분석된 결과를 토대로 납품업체의 물품대금을 매년 10%씩 깎았다.

와타나베는 부품 수와 재료 사용을 줄이는 식으로 생산 원가를 어떻게 낮출 수 있을지에 대한 대책을 연이어 내놓았고 비용절감을 통한 수익성 개선이 가능함을 스스로 입증했다. 그는 2000년부터 2005년까지 173개 부품가격 인하를 통해 100억 달러의 비용절감을 이루어낸다.

도요타의 문제적 CCC21 [2]

이러한 비용절감 실적을 인정받아 와타나베는 2005년 마침내 도요타 자동차의 사장에 취임한다. 와타나베가 사장에 취임한 뒤 도요타는 더욱 비용절감에 매진한다. 그러나 이는 만만치 않은 문제점들을 동반했다.

자동차 부품은 안전과 직결되어 있기 때문에 내구연한이 중요하다. 그러나 비용절감에 눈이 먼 도요타는 부품의 내구연한을 위험 한계까지 밀어 붙이면서 부품업체들에 가격인하를 요구했다. 더불어 개발기간 단축을 위해 품질 및 안정성 실험을 대부분 가상실험으로 대체했다. 비용 절감을 추진하다 보니 협력업체들도 생산기지를 해외로 이전해야 했다. 여러 곳에서 부품을 생산하다 보니 품질 관리에도 구멍이 생겼다. 문제가 된 가속페달도 CTS가 비용 절감을 위해 중국 공장에서 만들었던 부품이었다.

도요타의 리콜 사태로 판매가 중단된 자동차 모델들은 대부분 와타나베가 부품비용 절감을 강력하게 밀어붙인 시기에 출시된 차종이었다.

도요타의 품질 문제는 2000년대 중반 이후로 일본 내에서 꾸준히 제기되었다. 2006년에는 와타나베 전 사장이 공개 사과를 하는 일이 빚어졌다. 그러나 이는 이후 일어날 리콜 사태에 비하면 약과였다. 도요타는 리콜 이후 신뢰도 추락으로 매출이 급감하면서 2009년 4,396억엔(약 6조원)의 손실을 입었다. 2010년과 2011년 흑자로 전환했지만 아직까지 매출 부진의 늪에서 헤어나오지 못하고 있다.

---

2. CCC21 : 21세기 가격경쟁력 달성 전략 프로그램

Part 3.

미래의
부와 윤리

"사회책임투자의 증가"

　자산운용 쪽에 관심이 있는 사람들이라면 한두 번쯤 들었을 만한 화두로 '사회책임투자(Socially Responsible Investments)'란 것이 있다. 사회책임투자란 돈만 되면 무조건 투자하는 것이 아닌 윤리성을 위험, 수익률 등과 함께 투자의 주요한 요소로 포함하여 투자의사결정을 내리는 투자행위를 말한다.

　금융위기를 겪으면서 글로벌 금융사들의 인센티브 문제가 불거졌고 각국 정부들의 시장 개입이 이어지면서 '모럴 해저드'를 경계하는 목소리는 높아져만 갔다. 사회책임투자는 앞으로의 자산운용업계에서 매우 중요한 시장이 될 것으로 보인다. 국민연금의 도입으로 좋건 싫긴 간에 많은 이들이 주식, 재권에 두자하고 있고, 수많은 공공펀느들이 공익성을 무시하고 자산을 운용할 수는 없기 때문이다.

사회책임투자의 등장

영국 성인 41%, '나는 환경을 생각하는 소비자'

선진화된 사회의 경우 대부분의 일반인들에게 가장 큰 자산은 연금이다. 금융 시장의 가장 큰 손 또한 산유국들의 왕족들이나 재벌들이 아닌 연기금이다.

최근 연기금의 투자에 있어 사회적, 환경적 측면을 고려해 운용하는 추세 – 즉, 사회 책임투자(Socially Responsible Investments)가 증가하고 있다.

2000년 7월 3일 영국에서 연금법(Pension Act)을 개정해 세계 최초로 연금펀드들의 투자정책에 환경, 사회적 요소에 대한 고려를 명시하도록 한 사회 책임투자 연금법을 만들었다.

이 법률에 따르면 영국의 모든 연금펀드들은 사회 책임투자를 수용해야 함은 물론이고 의결권 행사시 사회적, 도덕적 파장을 고려해야 한다.

사회책임 투자 연금법은 영국의 연기금 운용자들의 투자 원칙 성명(Statement of Investment Principle)에 다음 두 가지 사항을 포함할 것을 요구하고 있다.

1. 종목선정, 보유, 투자이익 실현에서 운용자들이 어느 정도로 환경적, 윤리적 측면을 고려하고 있는가?

2. 투자와 불가분의 관계인 권리행사의 측면에서 어떠한 정책
   이 있는가?

이 법이 제정되기 이전에도 사회책임 투자는 다양한 방법으로
꾸준히 시도되어 왔다.

그러나 많은 연금펀드 운용자들은 사회 책임투자의 원칙들
이 고객에게 최고의 수익을 추구해야 하는 선관주의 의무(Fiduciary
Duty)에 위배된다는 이유로 사회책임투자를 받아들이지 않았었다.

그러나 이 법령의 통과로 이제 사회책임투자는 단순한 미덕에
서 필수적 행위의 영역으로 넘어왔다.

영국에서 연금펀드들은 상장기업 지분의 35%를 보유하고 있
다. 연금펀드들이 기업들로 하여금 이익 추구뿐 아니라 다른 문제
들에도 관심을 기울이도록 할 수 있는 힘을 갖고 있기 때문에 이 법
령의 통과는 단순히 몇몇 투자대상을 배제하는 수준을 넘어서 기
업의 의사결정에 공익적 측면을 강제할 수도 있는 강력한 파급력
을 의미했다.

어찌 보면 개개인의 재산권 행사를 제약할 수도 있는 이러한
급진적 조치는 환경문제, 인권, 경영진의 보수 문제 등의 이슈들에
대해 증가하고 있는 사회적 관심을 반영한 것이었다.

1998년 영국 사회투자포럼(UK Social Investment Forum, UKSIF)

총회에서 당시 연금성 장관을 역임하고 있던 존 덴험(John Denham)
은 여론조사에서 영국 성인의 41%는 스스로를 '환경을 생각하는
소비자'로 규정하고 있고, 67%의 성인이 물건을 구매할 때 회사의
윤리적 입장 등을 고려하며, 70%의 조사 대상자들이 그들의 연금
자산이 윤리적으로 투자되기를 원한다고 응답했다고 밝혔다.

사회책임투자의 당위성

사회책임 투자의 세계적 권위자 러셀 스팍스(Russel Sparkes)는 연금펀드들이 사회책임투자를 해야 할 이유에 대해 연금펀드의 특권적 지위를 지적한다. 연금 펀드에 가입한 기업들에게 종업원의 연금 납부액은 비과세 소득으로 간주되고 자본이득세 또한 면제된다. 아울러 개인들은 연금에 투자하면서도 펀드의 행위에 대해 어떠한 법적, 조세적 영향도 받지 않는다. 따라서 연금펀드는 사회책임투자의 방식으로 행동해야 할 의무가 있다는 것이다.

그는 '주식회사의 유한적 책임부담성(Limited Liability)'이 사회책임투자라는 개념의 핵심이라 설명한다. 주주는 기업을 통제하지만 기업으로 인해 발생된 피해에 대해서는 어떤 책임도 지지 않는다. 이러한 비대칭적 리스크의 성격으로 인해 기업의 반사회적 행동을 부추길 소지가 크다는 것이다.

이해관계자 이론(Stakeholder Theory) 입장에서도 사회책임투자를 해야 할 이유는 다분하다. 주주들이 상장회사로부터 얻는 수익이 그들이 부담해야 하는 리스크와 동일해야 한다는 것이다. 사회책임투자를 주장하는 이들은 종업원, 납품업체, 지역 사회 역시 기업의 성패에 따른 리스크를 공유하기 때문에 그들 역시 리스크에 대해 동일한 보상을 받아야 한다고 이야기한다.

사회책임투자의 발달

《The 2001 Trends Report on SRI in the United States》에서는 사회책임투자를 세 가지 '역동적인 전략'으로 구성된 것으로 특징짓는다. 적격심사(Screening), 주주주장(Shareholder Advocacy), 지역사회에 대한 투자(Community Investing) 등이 그것이다.

사회책임 투자로 가장 많이 활용되는 적격심사는 펀드들로 하여금 주류, 담배, 군수산업, 도박, 환경, 인권 등에 대한 투자 가이드라인을 제공한다. 이들 죄악(Evil)시 되는 산업 투자를 배제하거나 일정 한도 이내로 제한하는 원칙이다.

적격심사를 활용한 사회 책임적 투자는 영국 교회투자가들에 의해 가장 먼저 시작되었다.

영국 성공회 투자가들은 1948년부터 특정한 윤리기순에 근거해 투자 포트폴리오를 구성했다. 이들은 술, 담배, 군수, 도박업 등의 주식 투자를 배제했다.

특히, 1960년대 후반 베트남전 동안 다우 케미컬(Dow Chemical)이 만든 고엽제(Agent Orange)가 백혈병 등을 퇴역군인과 자녀들에게 유발했다는 소식이 전해지면서 기업의 사회적 책임에 대한 관심이 급증하게 된다.

이 결과로 베트남전 고엽제 사건으로 사회책임 문제가 이슈화

된 미국에서 1971년 세계 최초의 사회책임투자 뮤추얼 펀드인 팍스 월드 밸런스드 펀드(Pax World Balanced Fund)가 등장한다. 이 펀드는 베트남전에서 이익을 얻은 기업에 투자하지 않는 것을 원칙으로 삼았는데 전쟁, 도박, 담배 판매 등을 업으로 삼는 회사 주식에 투자하지 않는 것을 원칙으로 삼았다. 이 팍스 월드 밸런스드 펀드는 30년 이상 운용되며 10억 달러 이상으로 성장했다.

사회책임투자가 인종차별 문제에 개입했던 것 또한 유명한 사례로 전해진다. 남아프리카 공화국의 인종차별 문제가 극심했던 1984년. 뉴욕 연금펀드는 씨티은행(Citi Bank)에 남아프리카 공화국에 대한 신규 대출을 중단하지 않는다면 뉴욕 연금 펀드의 예치금 200억 달러를 인출하겠다고 씨티은행에 압박을 가했다. 씨티은행은 결국 남아프리카 공화국에서 철수할 수 밖에 없었다.

이러한 압박은 체이스 맨하탄(Chase Manhattan), 바클레이스(Barclays) 등의 다른 은행들도 남아프리카 공화국에서의 사업을 대폭 축소하도록 했다. 이는 인종차별을 용인했던 남아프리카 공화국 정권을 압박하는 결과로 이어졌다.

대표적 사회책임투자 펀드, '캘버트펀드'의 사회책임투자 기준

포함적 : 다음과 같은 회사들에 대한 투자기회를 찾는다

1. 환경친화성환경 친화적인 방법으로 안전한 제품과 서비스를 생산한다. 즉, 재생에너지 회사는 바람직한 것으로 분류되고, 오염 배출도가 심한 회사들은 기피 대상이 된다.

2. 포함적 관리 방식 : 의사결정 과정에 직원들의 참여가 권장되고, 직원들의 주식 보유와 이윤 배분 계획 등이 제시된다.

3. 다양성 : 인종, 성, 종교, 연령, 장애 여부, 민족, 성적 취향 등에 상관없이 직원을 공평하게 대한다. 여성, 불이익 소수집단, 그 밖에도 동등한 기회를 얻지 못해 왔던 집단이나 개인에게도 기회를 제공한다.

4. 창의성과 지역사회에 대한 의식 : 창의성, 생산성, 자존감, 책임감 등의 인성적 목표를 추구하고, 이러한 목표들이 실현될 수 있는 작업 환경을 제공한다. 또한 평균 이상의 사회 공헌도를 지니고 자선활동을 실행하는 회사들도 이에 포함된다.

배제적 : 다음과 같은 회사들은 투자 기피 대상이다

1. 핵에너지 : 직접 핵에너지를 생산하거나 그에 사용되는 장비를 제조하는 회사

2. 억압적 정권들 : 억압적 정권에서 사업을 하는 회사

3. 무기 : 무기류를 생산하는 회사

4. 주류, 담배류, 도박 : 주류, 담배류 등을 생산하거나 카지노와 같은 도박서비스를 제공하는 회사 [1]

---

1. 《사회책임투자》 p.121

사회책임투자의 투자 성과

라젠드라 시소디어, 데이비드 울프, 젝디시 세스 등이 지은 «위대한 기업을 넘어 사랑받는 기업으로(Firms of Endearment)»에서 저자들은 구글, 사우스웨스트항공, 아마존, 젯블루, 존슨앤존슨, 뉴발란스, BMW, UPS, 조던스퍼니처, 코스트코, 할리데이비슨, 스타벅스, 구글, 홀푸드 등을 기업의 사회적 책임을 다 하는 '사랑 받는 기업'으로 선정했다.

이들 저자들은 2006년 6월 30일까지 이들 사랑받는 기업들의 10년간 주식 수익률을 S&P 500과 비교했다. 조사 결과, 사랑받는 기업들의 주가는 10년간 1,026% 오른 반면, S&P 500 기업의 수익률은 122%에 그쳤다. 거의 10배에 가까운 차이이다.

주식가치는 기업의 가치를 나타낸다. 그리고 기업의 가치는 기업의 미래 현금창출능력을 반영한다. 미래 현금창출과 가장 밀접한 관계를 갖는 요소 중 하나로 업체가 얼마나 이문이 남는 장사를 하는가를 측정하는 수익성이 있다.

이들 '사랑받는 기업들'의 자기자본이익률(ROE)은 22.4%로 S&P 500의 20.9%보다 높게 나타나고 있다. 직원과 이해관계자들에게 더 많은 부를 배분함에도 불구하고 임직원의 높은 생산성, 고객 충성도 등으로 인해 더 높게 나타나고 있기 때문이다.

그러나 이러한 주장은 일반화시키기에 많은 위험을 내포한다. 선정된 업체들 자체가 이미 살아남아 성공적 기업이 된 회사들이기 때문에 실패들이 가려지고 성공적인 결과만이 보여져 결과가 실제보다 좋게 나타나는 생존편의(Survivorship bias)가 나타나기 때문이다.

사실 마케팅 비용을 많이 지불하는 회사가 항상 잘된다고 볼 수 없듯이, 사회적 활동에 많은 자원을 사용한다고 해서 경제적으로 성공한 기업이 된다는 보장은 없다.

재무학적으로 사회책임투자는 자원 배분의 측면에서 제약조건 없는 기존의 투자방식보다 수익률이 다소 낮아질 소지를 내포한다.

투자에 있어 리스크의 크기와 이익(리턴)의 크기는 반비례한다. 윤리적인 문제가 발생할 소지가 낮은 기업에 투자하는 것은 투자에서 발생할 수 있는 잠재적 위험(리스크)를 사전적으로 낮추는 행위에 해당한다. 따라서 사회책임 투자는 고수익, 고리턴을 추구하는 투자자에게는 적합하지 않을 수 있다.

그렇지만 사회책임투자자들은 경제학이 설명하는 것처럼 단순히 돈만 많이 버는 것을 바라진 않는다. 그들은 자신의 돈이 사회적으로 긍정적 가치를 창출하기를 바란다. 사회책임 투자에는 경제적 이익 창출과 사회적 가치 창출을 함께 하고자 하는 구성원들의 의지가 반영되어 있다.

특히 많은 이들이 연기금과 같이 노약자를 보호하는 공익적 성격을 지닌 자산, 장기 안정적 운용을 해야 하는 자산에 사회책임투자가 이루어져야 한다고 보고 있다.

1997년 9월 영국의 마케팅 조사기관 Gfk NOP의 설문조사에서 조사에 응한 7700명의 성인들 중 47%가 그들의 연금은 수익률에 어떠한 부정적 영향이 없는 한 윤리적으로 운용되어야 한다고 답변했다. 응답자 중 29%는 비록 수익률이 떨어지는 한이 있어도 그들의 연금은 윤리정책을 채택해야 한다고 답했다.

윤리적 연금운용을 원하는 이들 응답자의 수는 1997년의 73%에서 1999년에는 83%로 증가해 풍요로워질수록 도덕적 만족감을 추구하는 경향을 나타냈다.

사회책임투자 사례 : 스탠더드 생명보험

사회책임투자에 앞장서서
2천800만 파운드 생명보험 예치

증가하는 사회책임투자의 니즈에 어떻게 대응하는가는 보험사와 연기금 등, 공익적 성격의 자산을 운용하는 기관에 있어 중요한 문제이다. 시장의 수요를 미리 알고 준비한 금융사들은 시장 선점을 통해 보다 사회책임투자 경쟁에서 한 발 앞서 나갈 수 있다.

그 대표적인 사례가 영국의 스텐더드 생명보험의 경우이다.

6백만 보험 고객을 보유하고 있고 2,000억 파운드가 넘는 자산을 운용하는 영국의 스탠더드 생명보험(Standard Life)은 1998년 생명보험 영국 윤리펀드를 설정했다.

스텐더드 생명보험은 이 펀드 설정에 앞서 독립재무상담역(IFA)들과 고객들을 대상으로 설문조사를 실시했다. 그리고 잠재 고객들이 사회적, 윤리적 문제에 대한 자신들의 염려를 반영하는 기업에 투자하고자 한다는 것을 알아냈다. 윤리펀드 설정은 고객들이 환경적, 사회문제들에 대한 관심을 높여가고 있다는 점에 착안한 피드백이었다.

스탠더드 생명보험은 생명보험 영국 윤리펀드 설정으로 영국 금융업계에서 사회책임투자의 리더로 각인되었다.

2001년 2월 노동조합연맹(Traders' Union Congress)은 스탠더드 생명보험 사회책임투자 연금을 회원들에게 제공하는 5개 이해관계자 연금 상품 중 하나로 선정했다. 같은 해 5월, 노동조합연맹은 2천800만 파운드 규모의 노령퇴직연금을 스탠더드 생명보험에 예치했다.

사회책임투자자는 어떤 이들인가?

영국과 미국에서 조사된 바에 의하면 평균적인 사회책임투자의 투자가는 교직, 사회사업, 의료서비스 등과 같은 복지 관련 직업에 종사하는 경향을 나타낸다고 한다.

프린스턴 대학의 로버트 잉글하트 교수는 1990년대 들어 사람들은 개인적 가치를 추구함에 있어 돈 벌기에 몰두하는 여피족 시대의 시대사조를 거부하고 높은 급여와 이기적 개인주의에서 벗어나 인권이나 환경을 염려하는 사람들로 변모했다고 설명한다.

켈리포니아의 사회분석가 폴 레이에 따르면 현재 미국 내에 이런 부류의 사람들이 약 5천만 명 이상 살고 있으며 빠른 증가 추세에 있다고 밝힌 바 있다. [1]

---

1. 《사회책임투자》 p.106

사회책임투자, 기업윤리는 장기적 안목으로
고교에서부터 교육해야 한다

고3 담임과 함께 고3 문학을 담당하는 교사로서 논술로 유명 대학에 가려고 열심히 준비하는 학생들을 지도하다 보면 그 노력은 장하나, 한편으론 마음만 급해서 하루아침에 글 잘 쓰는 법을 터득하길 바라며 이것저것 글쓰기만 시도하다가 좌절을 거듭하는 안타까운 일을 접하곤 한다.

글을 잘 쓰려면 우선 잘 읽어야 한다. 논술이란 일기처럼 무형식의 글이 아니라 출제자가 요구하는 바를 콕 짚어 살려야 하는 '문제에 대한 논리적이고 창의적이며 개성까지 갖춘 풀이'를 요구하는 글이다.

또한 수학 문제처럼 정답이 있는 것도 아닌데다가 출제자의 출제 의도와 방향성까지 고려해야 하는 고난이도의 '생각싸움'이기도 하다.

　최근의 대입 논술 경향은 통합적 수학 능력 측정을 논술 출제의 주안점으로 삼고 있는 만큼, 특정 교과나 특정 단원의 단편적 지식을 넘어서 여러 과목과 다양한 학문 분야의 기초 개념과 이론에 대한 이해가 필요하다.

　특히 인문계 논술의 경우 문학, 역사, 철학, 일반교양, 사회(정치)경제, 시사 등과 관련된 통합형 문항이 출제되며, 계열 융합형 문제가 출제되기도 한다.

　또한 인문계 논술에 자연계 관련 내용이 제시되기도 하는데, 이러한 경우에는 대부분 해당 분야에 대한 전문 지식보다는 주어진 정보에 대한 이해력을 측정하기 위해 구성한 제시문임을 알아야 한다.

　'다양한 영역들 사이의 공통 주제 찾기, 비교 분석하기, 제시문에 대한 찬성이나 반대 혹은 자신의 견해를 논술하기' 등의 문제 유형에서 생소한 내용이나 깊이 있는 지문 한두 개는 꼭 등장하는 것도 이런 추세의 반영이라 할 수 있다.

　이를 위해서 학생들이 평소에 신문 사설, 칼럼 등을 열심히 읽는 등 다양한 주제에 관심을 갖는 것도, 한번이라도 접해 본 주제는 접근이 훨씬 빠르고 출제자의 의도를 읽어내는 것도 수월하기 때문이다.

우리 나라에서 기업윤리는 일반 대중에게 생소한 부분이고 이와 관련된 국내 전문가도 많지 않다. 또한 정치나 경제, 기업문화를 다룬 서적은 서점에 넘쳐나지만 기업윤리만 전문적으로 다룬 책은 흔하지 않을뿐더러 이처럼 청소년들도 이해하기 쉽게 쓴 책은 한 손에 꼽힐 것이라 생각한다.

기업윤리란 주제는 앞서 언급한 논술의 출제범주인 '역사, 일반교양, 사회(정치)경제, 시사' 등이 통합된 문제이기도 하며, 각 나라와 FTA 체결이 점차 증가하는 추세에 따라 언젠가 우리나라의 시장도 외국에 전면 개방되어 우리 눈 앞에 닥쳐올 현실이기도 하다. 그만큼 현재 진행형이면서도 강력한 미래지향적 메시지를 담고 있는 것이 바로 기업윤리이며, 대학의 논술 주제로서도 더할 나위 없이 매력적이라 할 수 있다.

고3 논술 지도시에 이 책의 일부 내용을 담아 수업을 해 본 결과, '기업윤리'라는 생소한 주제임에도 사례 중심으로 쉽게 풀어 설명한 내용 덕분에 학생들의 호응이 무척 좋았다.

과거, 현재, 미래를 두루 아우르며 누구나 알 수 있는 세계의 부자들이나, 다양한 시도를 하고 있는 친숙하거나 특색 있는 기업 등 흥미를 끌 수 있는 사례들을 여러 각도에서 쉽고 재미있게 분석하고 있는 이 책의 강점이 여실히 드러난 순간이었다.

논술이나 과제를 위해 이 책을 접한 청소년들도 읽다보면 단순한 지식습득을 벗어나 외국의 다양하고 재미있는 이야기 여행을 하게 될 것이고, 그 속에 담긴 메시지를 바탕으로 훗날 실제 그 이야기를 만들어갈 훌륭한 CEO로 커 나가기를 기대해 본다.

북인천정보산업고등학교 문학 교사 이 희 준

'부와 윤리가 함께 가야 성공한 삶'

돌이켜보면 삼십년 넘게 살면서 많은 비용을 지불하며 성장해 왔던 것을 알 수 있다. 세상은 항상 보다 살기 좋은 곳으로 진보하고 있다고 믿지만, 해마다 벌어지는 입시 경쟁을 보고 자살하는 학생들 이야기를 들을 때 마다 내가 자라던 때와 사회가 별반 달라지지 않았다는 생각에 가슴이 철렁해진다.

적당한 능력주의(Meritocracy)는 사회를 위해 반드시 필요하다. 그러나 모든 능력과 재능을 시험 성적으로 판단하는 것은 현명하지 못할 수 있다. 더욱이 관료가 되거나, 전문직을 갖는 것, 대기업에 들어가는 것만이 진정한 성공으로 대접받는 풍토는 젊은이들의 꿈과 창의성을 제한 할 수 있다는 측면에서 위험하기까지 해 보인다.

군대 제대를 앞두고 새로운 사회 경험을 통해 세상을 바라보는 다른 관점을 찾고 싶다는 생각과 '일'의 가치가 존중 받는 곳에서

진정 하고 싶은 일을 찾아보고 싶다는 생각에 프로테스탄트 직업
윤리가 주도하는 미국으로 건너가 공부할 생각을 했다.

2003년 경영 윤리 교육으로 유명한 미국 시카고의 로욜라 대
학 경영학부에 편입해 경제학과 재무학을 공부하기 시작했다.

내 관찰에 따르면 미국에도 엘리트주의와 경쟁은 존재했다. 그
러나 다양한 가치관이 존중되는 문화와 사회의 구조적 문제를 해
결하려는 오피니언 리더들의 노력, '일'을 통한 성공을 찬양하는 건
전한 직업윤리, 성과와 효율성을 중시하는 실리적 문화가 사람들
에게 보다 많은 기회를 부여하고 있었다.

로욜라에서 들었던 수업 중 가장 흥미로웠던 과목은 경영윤리
수업이었다. 기업들이 법 준수 여부가 신문을 장식하고 직업을 사,
농, 공, 상으로 분류, 상업을 비하하는 성리학의 폐해가 남아있는
문화에서 자랐기 때문에 경제활동을 통해 윤리적 가치를 실현할
수 있다는 발상 자체가 놀라웠다.

‘부와 윤리가 함께 갈 수 있음을 보인다면 많은 이들이 성공에 대해 가진 편협한 가치관을 변화시키는데 도움이 될 것이다.’라는 생각이 들었다.

졸업 후 언제 꼭 한 번 유학을 통해 배웠던 경영윤리 케이스들을 한국에 소개하리라 습관처럼 다짐했다. 대중들과 청소년들에게 시장 경제가 단지 제로섬 게임이 아니며 성인이 된 후 직업을 통해 명예로운 성공을 거둘 수 있다는 것을 알린다면 그들의 위축되고 부정적인 마음을 변화시킬 수 있을 것이라 생각했기 때문이다.

그때부터 미국에서 들었던 경영 윤리 관련 내용들과 다년간 읽었던 자료들을 모아 저술을 시작했다. 청소년들과 대중들이 재미있게 읽고 이해해야 했기 때문에 내용은 너무 학술적이어도, 너무 가벼워서도 안 됐다. 적당히 흥미 있으면서도 읽고 나선 이런 것들도 있구나 라고 고개가 끄덕여지도록 하는 것. 수년간의 직·간접 경험을 쏟아놓고 보니 부와 윤리에 대한 책이 한 권 완성되어 있었다.

자본주의 경제체제는 자칫 삭막하게 돌아가기 쉬운 제도이지만 구성원들의 가치관의 변화가 전제한다면 지금보다 나은 사회를 만드는 것이 불가능한 일만은 아닐 것이다. 많은 사람들이 거리낌 없이 웃돈 주고 페어 트레이드 커피를 사 마실 수 있는 사회는 그리 멀리 있는 것은 아니다.

비판은 카타르시스를 준다. 하지만 칭찬은 사람을 바꾸고, 세상을 변화시킬 수 있다. 착한 부자들, 기업들의 이야기들과 그들에 대한 칭찬으로 넘쳐나는 사회가 되기를 바란다.

남자는 하고 싶은 거 다 하고 살아야 한다고 항상 격려해
주셨던 이정석 선생님.

집필 취지를 들으시고 감수와 조언을 해주신 JC의 정병찬
대표님.

저술에 대해 용기를 주신 개혁신학대학원 김구원 교수님.

원고를 검토해 주시고 격려와 피드백을 주셨던 이민주
버핏연구소장님, 끌레마 구길원 대표님.

건설적 피드백을 주셨던 경제정의실천시민연합의 김한기
팀장님, 노정화 팀장님.

뜬금없는 디자인 의뢰를 흔쾌히 받아들여 멋진 작품을 만들어
주신 최준우 디자이너님.

교육적 용도로 이 책의 활용 가능성을 검토해 주신 북인천
정보산업고등학교 국어과 이희준 선생님.

용기를 북돋아 준 강지헌 컴퓨터 프로그래머 님,
아이러브사이언스 배정용 원장님.

JA Korea 일일 경제교사로 만났던 서울 개봉초등학교,
목동초등학교 어린이들.

경영윤리를 가르쳐 주신 미국 Loyola University Chicago
대학의 경영윤리학 교수 Al Gini 교수님.

유학기간 동안 물심양면으로 후원해주셨던 Loyola University
Chicago의 Suk Hun Lee 교수님.

좋은 롤 모델이 되어 주시는 권태섭 심사역님.

멘토이신 배진한 중령님.

유일한 팬이신 희경 선배님.

기발한 질문으로 피로를 풀어준 조카들 뿡뿡, 빵떡, 땅호.

든든한 후원자이신 부모님과 할아버님, 형, 누나…

《온워드》, 하워드 슐츠, 8.0

《슈퍼리치》, 마틴 프리드슨, 이상

《부자들의 생각을 읽는다》, 이상건, 비아북

《고객을 발명한 사람 헨리포드(My life and work)》, 헨리 포드, 21세기북스

《철강왕 카네기 자서전》, 앤드류 카네기, 나래북

《윤리경영이 온다》, 동아일보사

《경영의 신 마쓰시타 고노스케와 함께하는 동행이인》, 기타 야스토시, 21세기북스

《십일조의 비밀을 안 부자 록펠러》, 이채윤, 미래사

《국부론》, 애덤스미스, 동서문화사

《좋은 기업을 넘어 위대한 기업으로(Good to great)》, 짐 콜린스, 김영사

《기업은 왜 사회적 책임에 주목하는가(The Market for Virtue)》, 데이비드보켈, 거름

《사회책임투자 세계적혁명(Socially Responsible Investment)》,
러셀 스팍스, 넷임펙트코리아

《Druker on Leadership》, 윌리엄 코헨, 쿠폰북

《Business Ethics, Pearson Prentice Hall》, Al Gini

《세상을 변화시킨 리더들의 힘》, 무굴 판다 · 로비 셸,
럭스미디어

《B2B 브랜드 마케팅》, 필립 코틀러 · 발데마 푀르치,
비즈니스맵

《가난한 사람들을 위한 은행가》, 무하마드 우뉴스,
세상사람들을 위한 책

《Ethical Issues in Business》, Thomas Donaldson 외, Prentice
Hall

《폴 크루그먼 미래를 말하다(The Conscience of a Liberal)》, Paul
Krugman, 현대경제연구원

《도요타쇼크의 원인과 전망》, 한국자동차산업연구소

굿 리치 Good Rich
ⓒ이용승 Printed in Seoul

초판인쇄 2011년 12월 26일
초판발행 2011년 12월 30일

지은이   이용승
발행인   박영태
편집인   우 현
디자인   최준우, 박은후

펴낸곳   파랑새미디어
등록번호 제313-2006-000085호
주소   서울특별시 마포구 서교동 357-1 서교프라자 318
전화   02-333-8311
팩스   02-333-8326
메일   thebbm@korea.com

가격   12,000원
ISBN   978-89-9369-344-7 03330